Contents

Chap 1
はる・なつ・あき・ふゆ 季節のバッグ

Spring　春のお出かけバッグ
　　マルシェバッグ …6
　　ラウンドミニトート …7

Summer　夏のシンプルバッグ
　　2Way ショルダー …8
　　ビニコのワンハンドルバッグ …9

Autumn　秋色グラニーバッグ
　　横長グラニーバッグ＆
　　バケツ形グラニーバッグ …10, 11

Winter　冬のファーバッグ
　　ファーのラウンドトート …12
　　ぺたんこファーバッグ …14

バッグ作りのたのしみ …15

1　布違いのバッグ
　　花柄のマザーズ巾着バッグ …16
　　ブラックウォッチのマザーズ巾着バッグ …17

2　プチバッグ
　　シェルバッグ …18
　　プチグラニー …19

3　ミックスバッグ
　　冬マリンのポシェット …20
　　冬マリンのドロップトート …21

〈アイディアノート 1〉
布耳のパッチワーク …22
　　布耳パッチワークのバッグ …23
　　布耳パッチワークのショルダー …25
Lesson　布耳のパッチワーク …24

Chap 2
まいにち使いたい キッチンこもの&ウエア

はぎれのランチョンマット&コースター …27

ポットマット&ラウンド形鍋つかみ&
スクエア形鍋つかみ …28

シンプルStyleのエプロン …30, 31

Chap 3
手づくりしたい ソーイングこもの

携帯用ソーイングケース …33

バニティ形ソーイングケース …34

〈アイディアノート 2〉
はぎれで作るクリスマスオーナメント …36

ノエルのガーランド …36

くつしたのオーナメント …37

Lesson　ノエルのガーランド …37

Chap 4
あるとうれしい お役立ちポーチ&ケース

タックつきフラットポーチ …39

iPad & iPad mini ケース …40

ティッシュケースつきポーチ …42

ワイヤー口金ポーチ …43

スリムなダブルファスナーポーチ …44

携帯電話ケース …45

Lesson　ファスナーのつけ方 …46

作品の作り方 …49

ソーイングの基礎知識 …94

とじ込み付録　作品の実物大型紙

ブックデザイン／中山正成（APRIL FOOL Inc.）
撮影／山本和正
作り方イラスト／桜岡知栄子　三島恵子
作り方トレース／WADE
編集／鴨田彩子

N

Le jardin qui a été entouré par le vent printanier confortable

趣味が高じて、和室だった部屋を
アトリエにセルフリノベーション。
お気に入りのこの場所で布合わせを楽しみながら
まいにちのようにミシンを動かしています。

季節を感じながらの布合わせ
いつもの暮らしにあるとうれしい──
手作りしたくなるアイテムが見つかりますように

L'endroit confortable pour resterSourire de l'ami

新しい季節の訪れを楽しむなら、
まいにち使うバッグから始めませんか。
普段は使わない布も思い切って使いたくなる——
そんな冒険心も湧き起こります。

chap 1

はる・なつ・あき・ふゆ
季節のバッグ

Spring
春のお出かけバッグ

マルシェバッグ

外出の機会が増える春に新調したいマルシェバッグ。ほんのり色づいたすみれの花のようなやさしい花柄に気持ちもほころびます。中身が見えないように、レースの覆い布をつけました。
25.5×23×20.5cm　➡ 作り方 … page 50

ラウンドミニトート

花柄に目の覚めるようなターコイズブルーを合わせて、みずみずしい印象に。小振りながらもワイド幅だから、意外と荷物が入ります。
19.5 × 30 × 10 cm　➡ 作り方 … page 51

Summer
夏のシンプルバッグ

2Wayショルダー

肩からかけて使えるショルダーバッグがあれば、自転車での移動も楽々です。デニムスタイルにも合う大胆な英字プリントに赤のファスナーを効かせました。
30×27×6cm　➡ 作り方 … page 52

ビニコの
ワンハンドルバッグ

水や汚れに強いビニールコーティング地は、夏におすすめの素材です。薄くても張りがあるから、シルエットにこだわりました。縫いやすい四角底と丸みの出る丸底、2種の底で仕立てています。

四角底（右） 25×23×14cm　丸底（左） 25×25.5×21cm　➡ 作り方 … page 54,55

フタを袋の中にしまうと、トートバッグに。中に入れたフタは内ポケットに使えます。

09

Autumn
秋色グラニーバッグ

横長グラニーバッグ＆バケツ形グラニーバッグ

秋の気配を感じたら、深みのあるパープルを取り入れてみませんか。エレガントなグラニーバッグはシックな秋の装いによく合います。横長、バケツ形、どちらもたっぷり物が入るので、気分で使い分けて。

横長　25.5×43×10cm　バケツ形　31.5×25.5×21cm　➡ 作り方 … page 56, 58

内側にはカギをつけられるストラップをつけました。つけたカギを内ポケットにしまえるよう、ストラップは長めにしています。

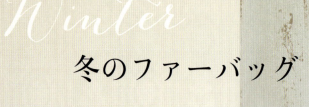

冬のファーバッグ

ファーのラウンドトート

使いやすく、飽きのこないトートバッグこそ、布選びにこだわってみたくなります。ファーやウール、ニット柄を使うと一気に冬仕様に。ボリュームのあるファーは、マチに使って縁取りのようにのぞかせました。
29×30×11cm ➡ 作り方… page 60

同じデザインを色違いで仕立てました。クリアな寒色系の差し色が、素材のあたたかな印象を引き出します。
29×30×11cm ➜ 作り方 … page 60

外ポケットがない後ろ側は、
2枚を接いでいます。

ぺたんこファーバッグ

シンプルなセンタータックのバッグ。ファーを縫いつけただけで華やかな印象になりました。布は控えめな柄を選ぶと、ファーが引き立ちます。
28×40cm ➡ 作り方 … page 59

バッグ作りのたのしみ

いくつ作っても飽きないのが、バッグ作り。
気に入って何度もリピートしている定番バッグもあれば、
少しずつ手を加えて、形を変えているバッグもあります。

持ち手の長さ、ポケット、タックの数…
作るたびに、発見があるから、
次はどんなバッグができるかワクワクします。

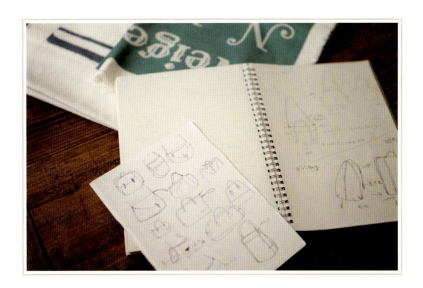

バッグ作りのたのしみ 1
布違いのバッグ

ひとつ気に入った型紙ができたら、布を替えてリピートします。
季節に合わせて布を選べば、1年を通して使えます。

Spring & Summer

花柄の
マザーズ巾着バッグ

たっぷり物が入る、巾着バッグをダンガリーと花柄で春夏向けに。花柄をダンガリーで引き締めて、大人可愛い甘さを演出。
30.5 × 37 × 11cm　➡ 作り方 … page 62

巾着布はサークルレースを使用。透け感が美しいレース地は、春夏ならではの素材です。

Autumn & Winter

ブラックウォッチの
マザーズ巾着バッグ

大好きなブラックウォッチを使って、16ページの
バッグを秋冬バージョンに。巾着布はブロック
チェックを選び、トラッドな印象にまとめました。
30.5×37×11cm ➡ 作り方 … page 62

〈前側〉
後ろ（上写真）は外ポケットにし
た下部を前側は布を切り替えた
だけですっきりと仕立てました。

シェルバッグ

丸みを帯びたエレガントな形のため、小さくても存在感があります。気に入っていた布の残りで作りました。

22×21×11cm　→ 作り方 … page 64

バッグ作りのたのしみ 2

プチバッグ

大きなバッグもいいけれど、
残り布で作れる小さなプチッグも好きです。
ちょっとそこまでのお出かけなら、
お財布や携帯電話などが入れば十分です。

小さくてもマチがあるため、お財布や携帯電話、手帳が入ります。

プチグラニー

大好きなグラニーは、小さくてもかわいい！子供が持つのにもぴったりの大きさです。散歩のお供や、バッグに入れてポーチ代わりにしても。

17.5×26cm ➡ 作り方 … page 65

バッグ作りのたのしみ 3
ミックスバッグ

いろんな布合わせにトライできるのは、手づくりならでは。定番をちょっと外してみると新鮮です。

冬マリンのポシェット

夏の定番ボーダー柄にファーを合わせれば、クールさとあたたかさが合わさり、新鮮な魅力に。ファーによって、小振りなポシェットの存在感もアップ。39ページと同じ型紙で作りました。
15×25cm ➡ 作り方 … page 93

ポシェットもバッグも後ろの全面にファーを使いました。装いによっては、後ろ側を前にして使っても。

冬マリンのドロップトート

後ろの布にファーを使って、前からちらりとのぞかせました。グレーのファーでシックな印象にしてみるのもおしゃれです。
30.5×30cm　➡作り方 … page 66

Idea Note 1

〈アイディアノート1〉

布耳のパッチワーク

大好きな布の残りは、どんなに小さくなっても捨てられません。通常、使うことがない布の耳もそうです。何かに使おうと、かごに入れていたら、いつの間にかいっぱいになりました。そこで、思いついたのが「布耳のパッチワーク」です。布の耳を並べて、縫いとめるだけ。できあがると一見ちぐはぐな布の耳同士が馴染んで見えるから不思議です。どれも自分が好きで集めた布だからでしょうか。まるで、布のスクラップ帖を眺めているようなうれしい気持ちになります。

布耳パッチワークのバッグ

布の耳をパッチワークして作ったバッグ。縦と横、さまざまに並べて縫いとめると、風合い豊かに仕上がります。切りっぱなしの耳をそのまま縫いつけているため、多少ほつれてきますが、それも味わいです。

27.5 × 25 × 21cm　→ 作り方 … page 68

布の耳には、色の種類やロゴが入っていますが、それぞれ違っているから、それを見つけるのもたのしみのひとつ。ロゴ部分は、パッチワークをする際のアクセントにも、タグ代わりにもなります。

パッチワークに使った布の耳の小さな残りも空き瓶に入れて保存。両面テープを貼れば、ラッピングのシールに使えます。

LESSON
布耳のパッチワーク

土台布の用意

布の耳を縫いつける土台布を用意します。耳のボリュームに負けないように、キルティング地（右）や帆布（左）を使います。

色柄のバランスをチェックしながら並べましょう

①

必要な大きさに裁った土台布の表に、布の耳を好みの間隔で重ねながら並べます。

②

まち針で仮どめし、下側の耳から順に、端から0.5cm程の位置を往復縫いで縫いとめます。

③

縫い終えたら、はみ出た耳をカットします。

④

同じように耳を縫いつけたブロックを用意し、片方のブロックの上に1.5cm重ねて、往復縫いで縫い合わせます。

⑤

ブロック同士がつながりました。これを繰り返して、表布を作っていきます。

縦横の向きを変えると、動きが出ます。

布耳パッチワークの
ショルダー

縦方向に布耳を縫いとめたショルダー。
単調にならないように、布耳の重ねる幅
をランダムにしています。
19.5×29.5cm　➡ 作り方 … page 70

気軽に作って使いたいのが、
キッチン周りのアイテム。
まいにち使うキッチンに、
自分らしい手づくりのアイテムを添えて、
居心地のよい空間にしましょう。

chap 2
まいにち使いたい
キッチンこもの&ウエア

はぎれの
ランチョンマット&コースター

ブラウン系のはぎれを縫い合わせたひと揃い。アクセントの大きなブロックチェック以外は、やや控えめな柄を選んで、主役のお皿を引き立てます。マットのタグにはループを縫いつけて、スプーンやフォークが通せるようにしました。

ランチョンマット　30×40cm　コースター　12×12cm　➡ 作り方 … page 67

ポットマット＆
ラウンド形鍋つかみ＆
スクエア形鍋つかみ

キッチンに下げておくポットマットや鍋つかみは、
見た目もかわいらしく。シンプルな形のものは、
余り布を縫い合わせると、表情豊かになります。
ポットマット　20×15cm　ラウンド形鍋つかみ
15×20cm　スクエア形鍋つかみ　20×16cm
➡ 作り方 … page 71〜73

リバーシブル感覚で使えるよう、表側と裏側でがらりと雰囲気を変えても。

袋状に仕立てたスクエア形は、手
を入れると鍋つかみに、そのまま
敷けば、鍋敷きにもなります。

シンプル Style の エプロン

急な来客が来ても脱がなくてもいい、玄関先や庭先にも着けたまま出られる、そんなエプロンが欲しくて手づくりしました。腰ひもがないから、すっきりと楽に着こなせます。

着丈95cm ➡ 作り方 … page 74

見返しやポケットにさりげなく使った布で、自分らしいテイストに。表からは見えない見返しにこそ、とっておきの布を使いましょう。

30ページの布違いで作ったエプロン。リネンのストライプを使って、よりカジュアルな雰囲気に仕立てました。ポケットにはレースをあしらってほんのり甘さを添えました。

着丈95cm ➡ 作り方 … page 74

愛用のソーインググッズをしまうケースも、
手づくりして、道具とともに愛用したいもの。
既製品とは違った、自分なりのささやかな工夫によって、
使いやすく、愛着のわく品ができます。

chap 3

手づくりしたい
ソーイングこもの

携帯用ソーイングケース

必要な道具だけ入れて持ち歩きたいときに、便利な携帯ケース。ポケットにしまって、使うときは、広げるだけ。中のものが一目瞭然だから、迷わずに取り出せます。

25×33cm　➡ 作り方 … page 76

たたむとコンパクトだから、
持ち歩きが楽です。

33

バニティ形ソーイングケース

お稽古ごとなど、ソーイング道具を一式持ち歩きたいときや、お家の中で収納するのに便利なのが、バニティー型のケースです。裁ちばさみも収納できる容量ながら、底は浅めにして、中のものを取り出しやすくしました。

15×22×6cm　➜ 作り方 … page 78

フタをあけた内側にはポケットがたくさんあるから、物を整理してしまえます。中に入れるソーインググッズもお気に入りのボタンやテープを使って自分だけのアイテムを手づくりしましょう。

ブリキ缶に入れたピンクッション。空き容器を使えば、簡単に作れます。直径4×4.5cm

ミニソーイングケースは、ボタンなどこまごまとしたものを入れます。10×6.5cm

腕にはめて使えるアームピンクッション。手元の作業がはかどります。直径7cm

〈アイディアノート 2〉
はぎれで作るクリスマスオーナメント

裁ちっぱなしで、気ままに縫い合わせるのも、ミシンソーイングの楽しさです。きっちり測って、ていねいに作る一方で、短時間でさっと作れると、気分転換にもなります。布は、バッグなどを作った余りもので十分です。半端なサイズでも縫いつなげば、思いのほか可愛らしく仕上がります。

Idea Note 2

ノエルのガーランド

クリスマスのお部屋を飾るガーランド。裁ちっぱなしのため、簡単にできます。季節もののウールやファーを使うと、雰囲気たっぷりに。
長さ6.5～11cm　➡ 作り方 … page 82

裏側は、レースやファーやニット柄を使用。ホワイトクリスマス仕様に白でまとめました。

LESSON
ノエルのガーランド

①

表布、土台布（キルティング地）、裏布（レース地）の3枚を外表に重ねます。

途中でつり下げ用のループを
はさみましょう

②

表布、裏布のどちらか見やすい方に文字を書き、線上をミシンで縫う。

③

縫い目の0.3〜0.5cm外側を切って、完成。

後ろ側はファーで
ボリュームたっぷりに。

くつしたのオーナメント

クリスマスの定番、くつしたをウールやはぎれでパッチワーク風に縫いつなぎました。同系色でまとめることで、柄が目立って見えます

長さ28.5cm　➡ 作り方 … page 83

chap 4
あるとうれしい
お役立ちポーチ＆ケース

何個あってもうれしいのが
ポーチやケースです。
バッグの中に入れて使うため、
テイストを気にせず、
好きな布を使えるのも
魅力です。

タックつきフラットポーチ

チューリップをイメージした切り替えの布合わせで作ったフラットなポーチ。タックを入れるとふっくらとキュートな雰囲気に。ワンハンドルの持ち手をつけてもさまになります。
15×25cm　➡ 作り方 … page 92,93

iPad & iPad mini ケース

移動先でも使いたい便利なモバイルグッズは、専用のケースがあると安心です。すぐに取り出せる二つ折りのシンプルなデザインにファスナーポケットや内ポケットをつけて、これひとつで持ち出せるようにしました。

iPad ケース（右） 23×31cm　iPad mini ケース（左） 18×26cm　➡ 作り方 … page 88

持ち歩くときは、すべり落ちないように中央につけたストラップに手を通して持ちます。

ティッシュケースつき ポーチ

前側にティッシュケースがついたポーチは、コスメポーチはもちろん多目的に使えて、ひとつあると便利です。中のティッシュが飛び出さないように、前上部は長めにするのがポイント。

10.5×14×5cm　➡ 作り方 … page 86

内側は、じゃまになりがちなパイピングをなくして、すっきりと仕立てました。

ワイヤー口金ポーチ

口に入れたワイヤー口金で、あき口が全開になるため、物が取り出しやすく、整理しやすい優れもののポーチです。卓上ポーチとして使うのもおすすめです。

13×20×8cm　➡ 作り方 … page 90

スリムな
ダブルファスナーポーチ

スリムながらも、ダブルファスナーで、ふたつの
入れ口があるポーチ。ひとつで2倍収納できるため、
使い勝手がぐっと広がります。

上（大） 15×22cm　下（小） 10.5×22cm

→作り方 … page 84, 85

銀行用のバンクポーチとして使
えるように、内側に印鑑を通す
ループをつけました。

携帯電話ケース

毎日のお出かけに欠かせない携帯電話ケースを、丸みのある形でデザイン。バッグの持ち手にかけて使えるよう、持ち手は取り外せるナスかんを使いました。前側の外ポケットには、イヤホンなど入れても。

18×14.5cm　➡ 作り方 … page 77

ファスナーのつけ方

マチがない場合（39ページ作品）

脇を縫う際、ファスナーの端を巻き込んで縫ったりしないように、端をたたんでから縫いつけます。

①
中心同士と端を合わせて表布にファスナーを中表に合わせます。ファスナーの端は写真のように三角に折る。

> ミシンの押さえは片押さえを使いましょう。以降の作業も同様です。

②
しつけ代わりに、布とファスナーの端から0.5cm内側（ファスナーの織りの変わり目の位置）を縫います。縫い始めと終わりは返し縫い。

③
中袋を②に中表に合わせて、まち針を打ちます。

> 先に②で縫っているため、ズレずにきれいに縫えます

④
表布側を見ながら、端から0.7cm内側（②の縫い目★より0.2cm内側）を本縫いします。縫い始めと終わりは返し縫い。

⑤
ファスナーを縫いつけたところ。先に②で縫った縫い目は、表から見えません。

> タックを入れた表布は押さえないほうがきれいに仕上がります

⑥
仕上げに、表布をよけて、裏布のきわを縫って押さえます。反対側のファスナーも①〜⑤と同様にして縫いつけます。

46

ファスナーマチの場合（42ページ作品）

マチなしファスナーと同じ要領で縫います。作品のようにファスナーの両側にタブをはさむ場合、タブが曲がらないように、あらかじめ縫いつけておきましょう。

ミシンの押さえは片押さえを使いましょう。以降の作業も同様です。

① 中心を合わせて、ファスナーマチ表布にファスナーを中表に重ねて、しつけ代わりに端から0.5cm内側を縫う。

② 中袋を①に中表に合わせて、まち針を打ちます。

③ 表布側を見ながら、端から0.7cm内側（②の縫い目★より0.2cm内側）を本縫いします。

④ 表に返し、表布のきわをミシンで縫って押さえます。

端から縫わず、タブの中心から縫い始めるとズレずに縫えます。

⑤ タブをファスナーの中心に重ね、通常の押さえに代えて、しつけ代わりに縫います。

⑥ 底マチ布を中表に重ね、表布側を見ながら縫います。表に返し、縫い代を底マチ側に倒し、きわをミシンで押さえます。

47

普段の布合わせに季節感のある色や素材をプラスしてみると
いつもと違う発見があったり
同じ形なのに不思議なくらい新鮮に感じられることがあります。
使い道に困るハギレや布耳も私にとっては大好きな布の一部。
何か形にできないかと模索していたら
布耳バッグが誕生しました
手作りはルールに縛られない無限大の可能性を秘めています…
皆様の手作り時間が今よりもっと身近でワクワクの連続になるように
この本を通していろんな手作りの楽しみ方を伝えられたら幸せです。

作品の作り方

・図中の数字の単位は、cm（センチメートル）です。
・Sはステッチの略です。
・裁ち切り以外は、すべて図中の（　）内の縫い代をつけて
　布を裁ちます。
・材料の布は、布幅×長さで必要な分量で記載しています。
・94ページのソーイングの基礎知識も併せてご覧ください。

図の見方　単位：cm

20.5

(1)　縫い代の寸法
　　（出来上がり寸法につけて裁つ）

布目線（縦地の方向）

出来上がり寸法

23

◉材料の表記に＜オ＞とあるものはオカダヤ、＜デ＞はデコレク
ションズ、＜Ｉ＞は、INAZUMA（イナズマ）の商品を使用しています。

●布の素材協力／オカダヤ新宿本店
〒160-0022　東京都新宿区新宿3-23-17
Tel 03 (3352) 5411　http://www.okadaya.co.jp/shinjuku/

●布の素材協力／株式会社デコレクションズ
〒502-0932　岐阜県岐阜市則武中3-1-14
Tel 058-215-8295　http://decollections.co.jp/

●持ち手の素材協力／ INAZUMA・植村株式会社
〒602-8246　京都市上京区上長者町通黒門東入杉本町459
Tel 075 (415) 1001　http://www.inazuma.biz/

P6 マルシェバッグ

前、後ろ、底の実物大型紙はとじ込み付録①②

〈材料〉
A 用布無地 30×35cm
B 用布花柄 25×35cm
C 用布ストライプ（前、後ろ、内ポケット）
110×35cm
底用布 30×25cm
中袋用キルティング地〈オ〉、厚手接着芯各 60×70cm
覆い布用スカラップレース（外ポケット分含む）65×30cm
ストラップ用1.2cm幅綿テープ〈デ〉40cm
ストラップ用長さ3.3cmナスかん
AK-35-11〈I〉1個
長さ48cm革製持ち手
YAK-480(2)〈I〉1組

〈作り方のポイント〉
● 表布の裏に同寸の厚手接着芯（裁ち切り）を貼る。
● 中袋はキルティング地を使って、形をしっかりさせる。

〈出来上がり寸法〉
25.5×23×20.5cm

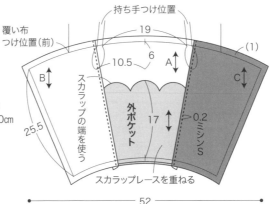

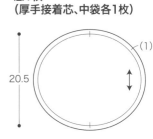

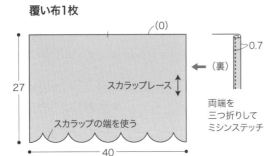

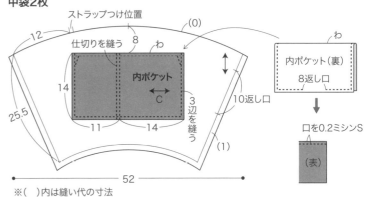

1 本体を縫う

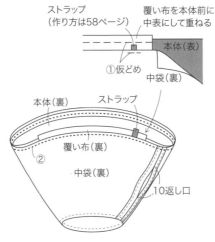

① 前と後ろを中表に合わせて縫い
　縫い代をミシンSで押さえる
② 底を中表に合わせて縫う
※中袋は内ポケットをつけ
　返し口を残して同様に縫う

2 本体と中袋を中表に縫う

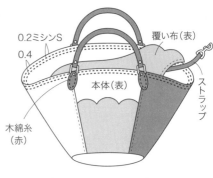

① 本体前側に覆い布、中袋前側に
　ストラップを仮どめ
② 本体と中袋を中表に合わせて
　口を縫う

3 表に返す

① 表に返し、口をミシンS（2本）で押さえる
② 持ち手を縫いつけ、返し口をとじる
※持ち手は返し口から手を入れ、
　本体のみをすくって縫いつける

P7 ラウンドミニトート

前、後ろ、底マチの実物大型紙はとじ込み付録表③④

〈材料〉
A 用布リネン青（前、後ろ、底マチ、持ち手）
〈オ〉70×40cm
B 用布花柄 40×25cm
中袋用布リネンストライプ（内ポケット分含む）
〈オ〉95×45cm
接着キルト綿 70×40cm
3.8cm幅綿テープ（1mm厚）65cm
直径7.5cmバテンレース、タグ各1枚

〈作り方のポイント〉
●前、後ろ、底マチの裏に同寸の接着キルト綿（裁ち切り）を貼って形をしっかりさせる。

〈出来上がり寸法〉
19.5×30×10cm

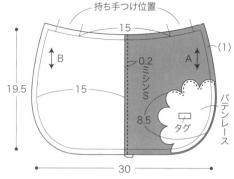

前、後ろ各1枚（接着キルト綿2枚）
※（ ）内は縫い代の寸法
※接着キルト綿は裁ち切り
※バテンレース・タグは前側のみ

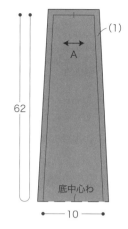

底マチ1枚（接着キルト綿、中袋各1枚）
※（ ）内は縫い代の寸法
※接着キルト綿は裁ち切り

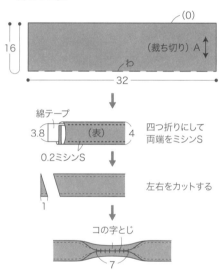

持ち手2枚

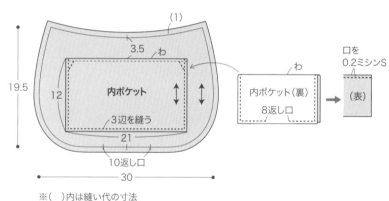

中袋2枚
※（ ）内は縫い代の寸法
※内ポケットは後ろ側のみ

1 本体を縫う

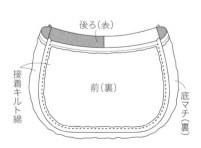

前・後ろと底マチを中表に合わせて縫う
※中袋は内ポケットをつけ
　返し口を残して同様に縫う

2 本体と中袋を中表に縫う

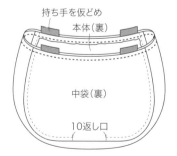

①本体表側に持ち手を中表に仮どめ
②本体と中袋を中表に合わせて
　口を縫う

3 表に返す

表に返し、口をミシンSで押さえ
返し口をとじる

P8 2Wayショルダー

〈材料〉
A 用布英字柄生成（後ろ、フタ、持ち手、肩ひも）〈デ〉
110×70cm
B 用布英字柄緑（前、外ポケット）〈デ〉80×40cm
C 用布花柄（持ち手、中袋、フタ裏布、内ポケット、
外ポケット裏布、ファスナーポケット裏布a・b、
当て布）〈デ〉110×80cm
長さ25cmファスナー1本
直径1.8cmマグネットボタン1組
革製タグ1枚

〈作り方のポイント〉
● マグネットボタンはP59と同様につける。

〈出来上がり寸法〉
30×27×6cm

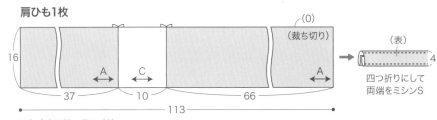

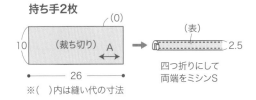

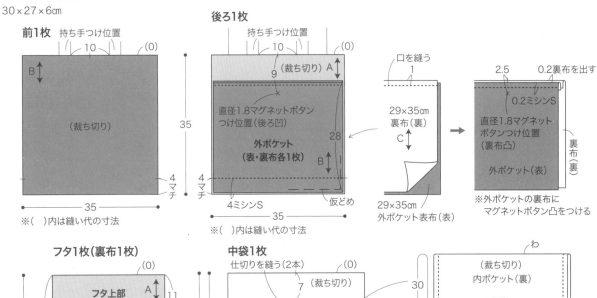

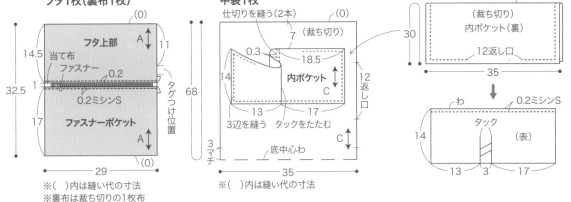

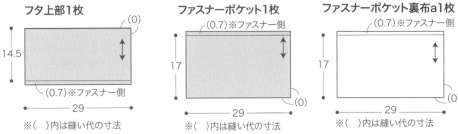

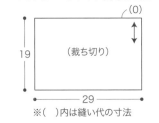

当て布2枚

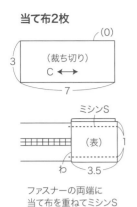

ファスナーの両端に
当て布を重ねてミシンS

1　フタのファスナーポケットを縫う

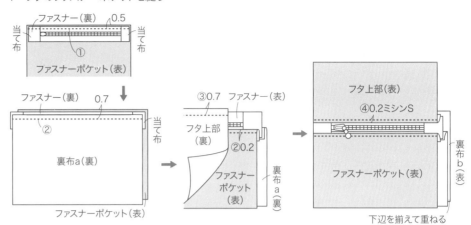

①ファスナーポケットにファスナーを中表に重ねて0.5cmで仮どめする
②裏布aを中表に重ねて縫い、表に返して口をミシンSで押さえる
③フタ上部を中表に合わせて縫う
④表に返し、裏布bを裏に重ねて、裏布bごとファスナー口をミシンSで押さえる

2　フタとフタ裏布を中表に縫う

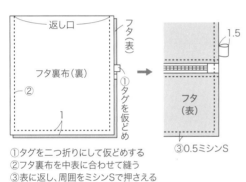

①タグを二つ折りにして仮どめする
②フタ裏布を中表に合わせて縫う
③表に返し、周囲をミシンSで押さえる

3　前と後ろを中表に縫う

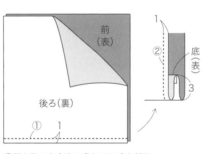

①前と後ろを中表に合わせて底を縫う
②マチを内側に折り込んで両脇を縫う
※後ろにマグネットボタン凹をつける

4　中袋を縫う

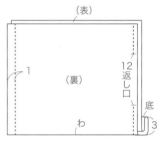

中表に二つ折りにして
マチを片側に折り、両脇を縫う

5　本体と中袋を中表に縫う

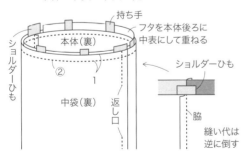

①本体表布側に持ち手、フタ、ショルダーひもを仮どめする
②本体に中袋を中表に合わせて口を縫う

6　表に返す

表に返し、口をミシンS（2本）で押さえて
返し口をとじる

P9 ビニコのワンハンドルバッグ〈丸底〉

底の実物大型紙はP55

〈材料〉
本体用ビニールコーティング地
(底、口布、持ち手、持ち手通し分含む)
110×70cm
中袋用キルティング地110×30cm
内ポケット用布80×40cm
直径1.8cmマグネットボタン1組
当て布適宜

〈作り方のポイント〉
● 縫い代に切り込みを入れて合印とする。
● 本体、中袋、口布の接ぎ目がそれぞれ重ならないように合わせる。

〈出来上がり寸法〉
25×25.5×21cm

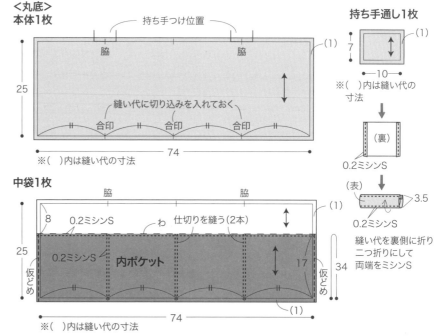

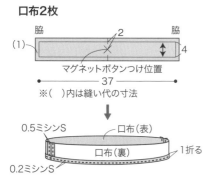
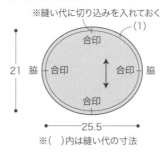
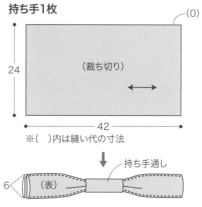

1 本体を縫う

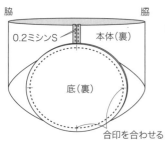

本体を中表に合わせて縫い
縫い代を割ってミシンSで押さえ
底と中表に縫い合わせる

2 本体と中袋を外表に合わせて口布と縫う

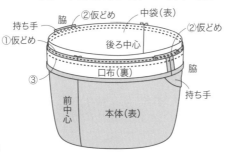

①本体と同様に縫った中袋と本体を
　外表に合わせて口を仮どめする
※それぞれの接ぎ目を前中心(本体)、
　後ろ中心(中袋)にする
②本体に持ち手を仮どめする
③口布(接ぎ目を脇にする)を中表にして口を縫う

3 口布を表に返す

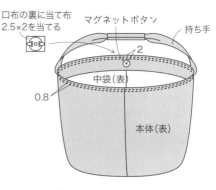

口布を表に返し、口をミシンSで押さえ
マグネットボタンをつける

P9　ビニコのワンハンドルバッグ〈四角底〉

〈材料〉
本体用ビニールコーティング地（底、口布、
持ち手、持ち手通し分含む）〈デ〉110×70cm
中袋用キルティング地（底分含む）110×30cm
内ポケット用布80×40cm
直径1.8cmマグネットボタン1組
当て布適宜

〈作り方のポイント〉
●口布、持ち手、持ち手通しのサイズおよび作
り方と仕立て方の2以降はP54のビニコのワ
ンハンドルバッグ〈丸底〉と同じ。

〈出来上がり寸法〉
25×23×14cm

〈四角底〉
本体1枚

持ち手つけ位置

脇　　　　　　　脇　　　　　　　(1)

25

縫い代に切り込みを入れておく

11.5 合印　14　合印　23　合印　14 合印 11.5

74

※（　）内は縫い代の寸法

中袋1枚

脇　　　　　　脇

8　　　　　　　　　　　　　　　　　(1)

0.2ミシンS　　わ　　仕切りを縫う

25　　　0.2
　　　　ミシンS　　　内ポケット　　　17　　34

仮どめ　　　　　　　　　　　　　　仮どめ

11.5　　14　　23　　14　11.5

合印　合印　　　合印　合印　(1)

74

※（　）内は縫い代の寸法

底1枚（中袋1枚）

脇　　　脇

14　　　　　　(1)

23

※（　）内は縫い代の寸法

本体のみ
四隅の角の縫い代を
1cm角分切り落とす

1　本体を縫う

※2〜3は丸底と同じ要領で作る

脇　　　　　　脇

0.2ミシンS　　本体（裏）

③　底（裏）　④

②

①〜④の順に本体と
縫い合わせる

本体の合印と
底の角を合わせる

本体を中表に合わせ〈縫い
縫い代を割ってミシンSで押さえ
底と中表に縫い合わせる

合印

(1)

ビニコのワンハンドルバッグ〈丸底〉
底1枚（中袋1枚）

中心わ

脇　　　　　　　中心わ

合印

P10 横長グラニーバッグ

前、後ろの実物大型紙はとじ込み付録表⑤

〈材料〉
A 用布花柄75×30cm
B 用布プロヴァンス柄55×30cm
C 用レース地、土台布各15×30cm
底マチ用布リネン紫（脇ポケット、
　内ポケット大、タブ分含む）〈オ〉70×45cm
中袋用布（内ポケット小分含む）110×70cm
布の耳適宜
内・脇ポケット用0.8cm幅レース60cm
脇ポケット用2.5cm幅レース15cm
タブ用1cm幅テープ3cm
0.6cm幅平ゴム40cm
パイピング用2.5cm幅綿テープ、
　3cm幅レース各50cm
3.8cm幅アクリルテープ（2mm厚）145cm
直径1.8cmマグネットボタン1組
革タグ5.5×7cm

〈作り方のポイント〉
●Cのレース地は透けるため、土台布に重ねて、
　周囲を縫いとめて使う。

〈出来上がり寸法〉
25.5×43×10cm

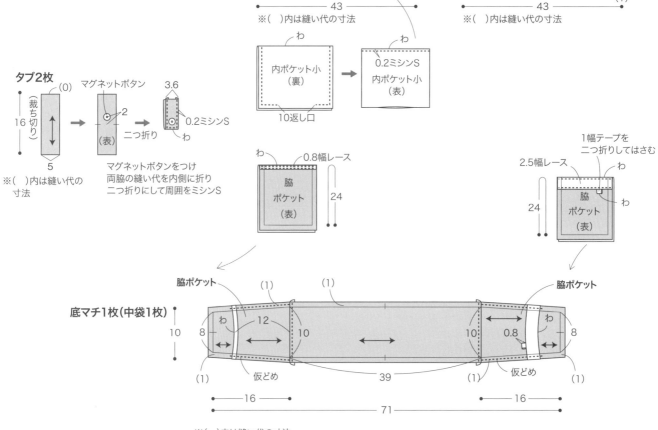

1　本体を縫う

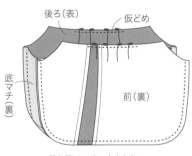

前と後ろのタックをとり
底マチと中表に縫い合わせる
中袋も同様に縫う

2　中袋を縫う

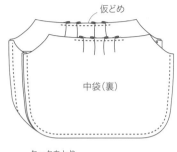

タックをとり
底マチと中表に縫い合わせる

3　本体と中袋を外表に合わせて口を縫う

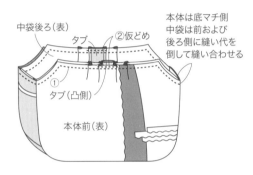

①本体と中袋を外表に合わせて口を縫う
②タブ2枚を表を上にして中袋側に仮どめする

4　口をテープ、レースで始末する

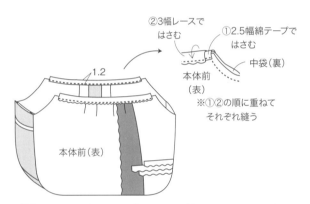

前後の口をテープ、レースの順にはさんで縫う

5　持ち手をつける

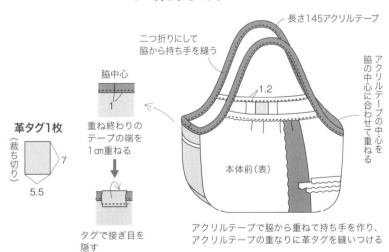

アクリルテープで脇から重ねて持ち手を作り、
アクリルテープの重なりに革タグを縫いつける

P11 バケツ形グラニーバッグ

前、後ろ、底の実物大型紙はとじ込み付録表⑥⑦

〈材料〉
A 用布花柄（前、後ろ、内ポケット小分）
110×30cm
B 用布麻キャンバス（前、後ろ、底、タブ分）〈オ〉80×40cm
中袋用布、接着キルト綿各80×60cm
内ポケット大用布40×45cm
飾り用布2種 2×20cm、3×20cm
3.8cm幅アクリルテープ（2mm厚）185cm
前用7cm幅レース15cm
2.5cm幅レース5cm
直径1.8cmマグネットボタン1組
ストラップ用1.2cm幅綿テープ40cm
ストラップ用長さ3.3cmナスかん
AK-35-11〈I〉1個
タグ、革タグ各1本

〈作り方のポイント〉
● 脇の縫い代は本体は後ろ側に、中袋は前側にそれぞれ片倒しにしてミシンSで押さえる。
● タブは向きに気をつけてつける。

〈出来上がり寸法〉
31.5×25.5×21cm

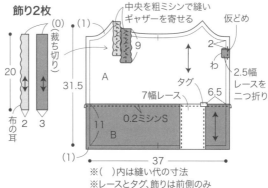

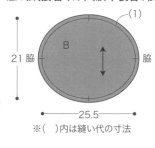

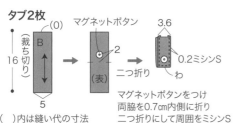

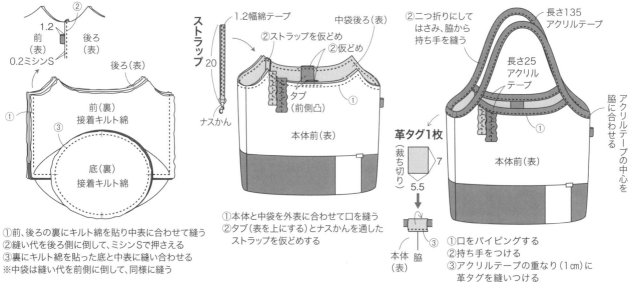

P14 ぺたんこファーバッグ

〈材料〉
本体、中袋用布各45×60cm
ソフトファー〈オ〉75×10cm
内ポケット用布20×30cm
4cm幅レース5cm
直径1.8cmマグネットボタン1組
当て布、モチーフレース、タグ各適宜
1.5cm幅革持ち手42cm
BM-4212(26)〈Ⅰ〉1組

〈作り方のポイント〉
● ファーは裏側の地を見ながら指定の寸法に裁ち、毛を縫い込まないようによけながら、本体に縫いつける。
● 大きなモチーフレースは手縫いでまつりつける。

〈出来上がり寸法〉
28×40cm

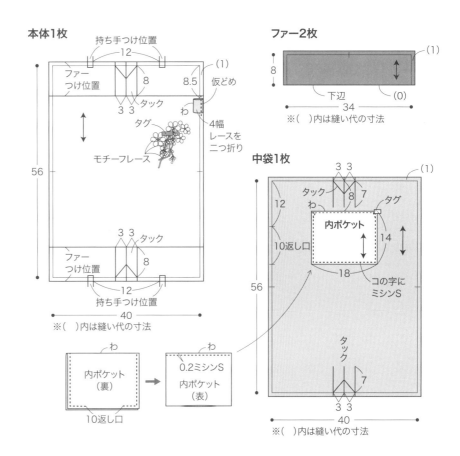

1 本体を縫う

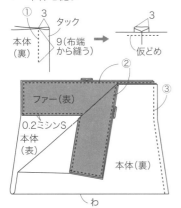

①タックを縫う
②ファーを重ねて縫いつける
③本体を中表に二つ折りにして両脇を縫う

2 本体と中袋を中表に縫う

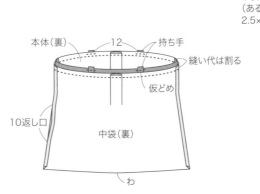

本体に持ち手を仮どめし
本体と同様にタックを縫い(布端から8cm)
両脇を縫った中袋と中表に合わせて口を縫う

3 表に返す

表に返して
中袋にマグネットボタンをつけ
返し口をとじる

P12、13 ファーのラウンドトート

前、後ろの実物大型紙はとじ込み付録表⑧

〈材料〉(1点分)
A・B用布ウール、ニット地各40×35cm
底マチ用ファー※P12作品はプードル
フリース〈オ〉、接着芯各50×30cm
外ポケット表布・裏布各20×25cm
中袋用キルティング地70×35cm
内ポケットa・b用布60×45cm
内ポケットb用1.5cm幅レース35cm
内ポケットa用1.2cm幅テープ〈デ〉25cm
直径1.8cmマグネットボタン1組
長さ45cm革製持ち手1組
BM-4531(25)〈I〉1組
タグ1枚

〈作り方のポイント〉
●中袋はキルティング地を使って、形をしっかりさせる。
●底マチ用ファーの裏に同寸の接着芯(裁ち切り)を貼る。
●持ち手は中袋をすくって縫いつける。
●マグネットボタンはP59と同様につける。

〈出来上がり寸法〉
29×30×11cm

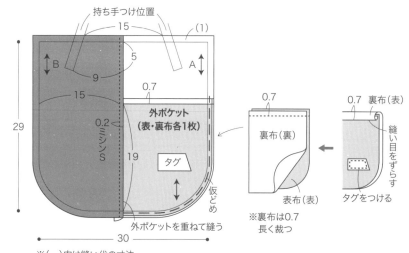

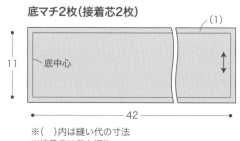

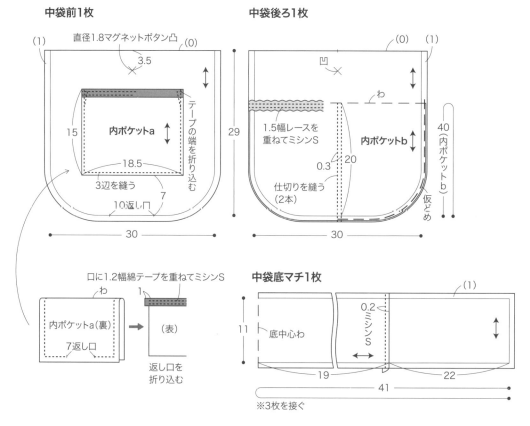

1 本体を縫う

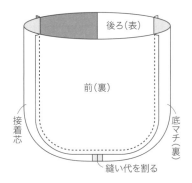

前、後ろと底マチを中表に合わせて縫う
※中袋は内ポケットをつけ
　返し口を残して同様に縫う

2 本体と中袋を中表に縫う

本体と中袋を中表に合わせて
口を縫う

3 表に返す

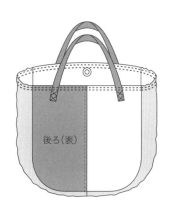

①表に返し、口をミシンS（2本）で押さえる
②持ち手を中袋まですくって縫いつける
③返し口から手を入れて、マグネットボタンをつけ
　返し口をとじる

持ち手のつけ方

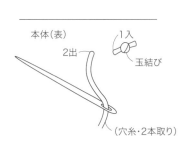
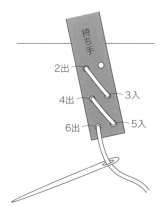
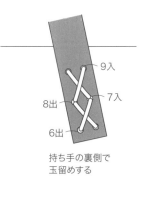

持ち手の裏側で
玉留めする

P16、17　花柄のマザーズ巾着バッグ＆ブラックウォッチのマザーズ巾着バッグ

〈材料〉

●花柄のマザーズ巾着バッグ
A 用布ダンガリー（内ポケットa分含む）〈オ〉
110×50cm
B 用布花柄（内ポケットb分含む）85×75cm
中袋用キルティング地80×50cm
巾着用レース地〈オ〉110×35cm
直径0.4cmワックスコード110cm
1.5cm幅レース55cm
1.2cm幅綿テープ2種（長さ40cm、55cm）〈デ〉各1本
ストラップ用内寸1.2cmナスかん1個
直径9cmバテンレース、レースモチーフ、タグ各1枚
2cm幅レザーつきアクリルテープ110cm

●ブラックウォッチのマザーズ巾着バッグ
A 用布麻キャンバス〈オ〉55×55cm
B 用布ブラックウォッチ（内ポケットa・b分含む）〈オ〉
110×70cm
中袋用キルティング地80×50cm
巾着用布ギンガム110×35cm
直径0.4cmワックスコード220cm
1.2cm幅綿テープ2種（長さ40cm、55cm）〈デ〉各1本
ストラップ用内寸1.2cmナスかん1個
1cm、1.2cm幅レース、ボタン各適宜
2cm幅レザーつきアクリルテープ110cm

〈作り方のポイント〉
●中袋にキルティング地を使い、形をしっかりさせる。

〈出来上がり寸法〉
30.5×37×11cm

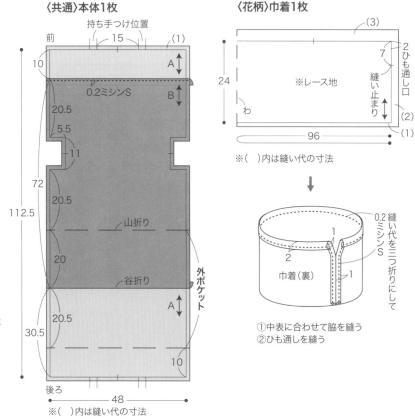

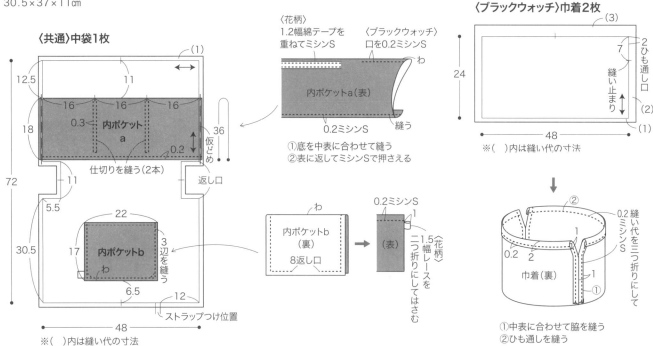

〈共通〉

1 外ポケットを作る

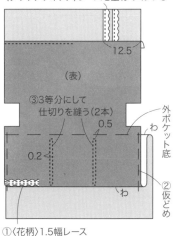

①〈花柄〉1.5幅レース
①〈ブラックウォッチ〉1.2幅綿テープを重ねてミシンS
②ポケット口を外表に合わせてミシンS
③内側に折り込んで仕切りを縫う

2 本体を縫う

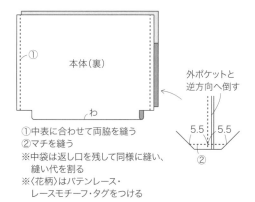

①中表に合わせて両脇を縫う
②マチを縫う
※中袋は返し口を残して同様に縫い、縫い代を割る
※〈花柄〉はバテンレース・レースモチーフ・タグをつける

3 本体と中袋を中表に縫う

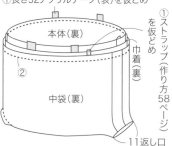

①本体表側に持ち手、中袋表側にストラップを仮どめする
②本体に巾着・中袋を中表に合わせて口を縫う

4 表に返す

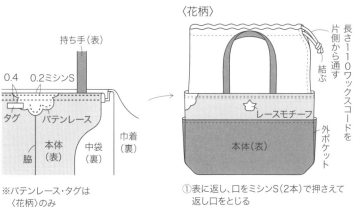

※バテンレース・タグは〈花柄〉のみ

①表に返し、口をミシンS(2本)で押さえて返し口をとじる
②巾着にワックスコードを通す

63

P18 シェルバッグ

前、後ろ、底マチの実物大型紙はとじ込み付録表⑨⑩

〈材料〉
前、後ろ用布リネン 50×30cm
底マチ用布麻キャンバス黄
（内ポケット分含む）〈オ〉85×30cm
中袋用キルティング地 60×50cm
直径1.8cmマグネットボタン1組
長さ48cm革製持ち手（裏当てつき）1組

〈作り方のポイント〉
●中袋はキルティング地を使って、形をしっかりさせる。
●マグネットボタンのつけ方は、P70を参照。

〈出来上がり寸法〉
22×21×14cm

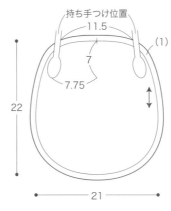

前、後ろ各1枚

※（ ）内は縫い代の寸法

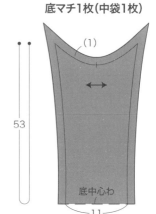

底マチ1枚（中袋1枚）

※（ ）内は縫い代の寸法
※テープは前側のみ

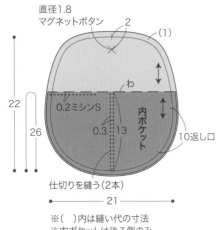

中袋2枚

※（ ）内は縫い代の寸法
※内ポケットは後ろ側のみ

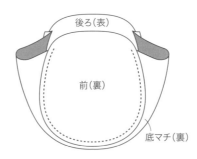

1　本体を縫う

前・後ろと底マチを中表に合わせて縫う
※中袋は内ポケットをつけ
　返し口を残して同様に縫う

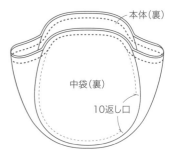

2　本体と中袋を中表に縫う

本体と中袋を中表に合わせて
口を縫う

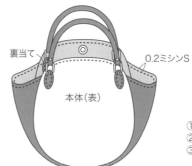

3　表に返す

①表に返し、口をミシンSで押さえる
②持ち手をつける
③返し口から手を入れて
　マグネットボタンを中袋につけて
　返し口をとじる

P19 プチグラニー

前、後ろの実物大型紙はとじ込み付録表⑪

〈材料〉
● ブルー
A(花柄)、B用布各30×15cm
C用布無地30×20cm
中袋用布(タブ分含む)60×25cm
袋口用1.3cm幅綿テープ30cm
袋口用2.5cm幅レース30cm
持ち手用2.5cm幅綾テープ(1mm厚)90cm
2.7cm幅レース15cm
直径1.5cm飾りボタン1個
25番刺しゅう糸適宜

● ブラウン
A用布花柄30×30cm
B用布ストライプ(中袋、タブ分含む)
70×30cm
C用布30×10cm
袋口用1.3cm幅綿テープ30cm
袋口用2.5cm幅レース30cm
持ち手用2.5cm幅綾テープ(1mm厚)90cm
2.7cm幅レース6cm
直径1.3cmボタン、くるみボタン各1個
25番刺しゅう糸適宜

〈作り方のポイント〉
● 接ぎ目のミシンSの2本目は1本目からラフに
ずらして縫う。
●〈ブルー〉と〈ブラウン〉は前、後ろの切り替え
を逆にする。
● ストレートSの刺し方はP72を参照。

〈出来上がり寸法〉
17.5×26cm

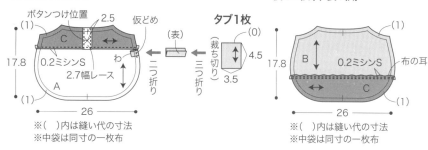

1 本体を縫う

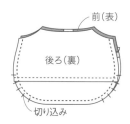

前と後ろを中表に合わせて縫い
カーブ部分に切り込みを入れて
表に返す

2 本体と中袋を外表に合わせて口を縫う

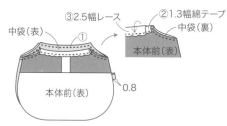

①本体と同様に縫った中袋を
本体と外表に合わせて入れて口を縫う
②綿テープではさみ、パイピング
③レースではさみ、パイピング

3 持ち手をつける

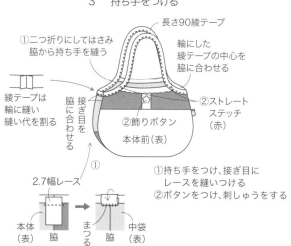

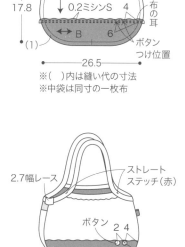

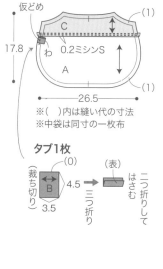

※ブルーと同様に仕立てる

P21 冬マリンのドロップトート

前、後ろの実物大型紙はとじ込み付録裏①

〈材料〉
前用布ニット地（持ち手分含む）〈デ〉70×35cm
後ろ用布ファー 35×35cm
中袋用布（内ポケット分含む）95×35cm
直径1.5cm、1.8cmボタン各2個
1.7cm幅テープ 5cm
革タグ1枚
25番刺しゅう糸適宜

〈作り方のポイント〉
● 後ろのファーは厚みがあるため、前と同じ型紙を使うが、ダーツは縫わない。ファー生地を使わない場合は、前と同様にダーツを縫う。
● ニット地はニット用のミシン糸（レジロン）を使う。

＜出来上がり寸法＞
30.5×30cm

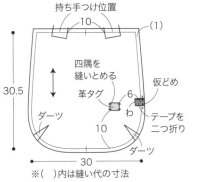
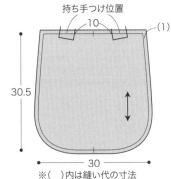

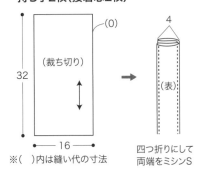

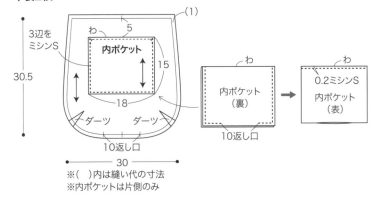

1 本体を縫う

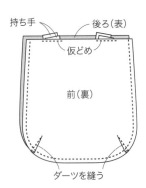

本体前のダーツを縫い
本体後ろと中表に合わせて周囲を縫い
持ち手を仮どめする

2 本体と中袋を中表に合わせて口を縫う

本体と同様に縫った中袋と本体を
中表に合わせて口を縫う

3 表に返す

①表に返して返し口をとじ
　口をミシンSで押さえる
②持ち手にボタンをつける

P27 はぎれのランチョンマット＆コースター

〈材料〉
- ランチョンマット
はぎれ各種
裏布 45×35cm
タブ用布（タグ分含む）15×10cm
2.5cm幅綿テープ 10cm
1.5cm幅レース 10cm
25番刺しゅう糸茶適宜
- コースター
はぎれ各種
裏布 15×15cm
タブ用布 5×5cm
タグ 1枚

〈作り方のポイント〉
- ランチョンマットは、タグにループにしたレースをはさみ、カトラリーを差し込めるようにする。
- ランニングSの刺し方はP71を参照。

〈出来上がり寸法〉
ランチョンマット　30×40cm
コースター　12×12cm

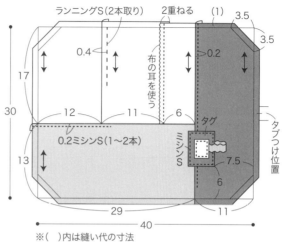

※（　）内は縫い代の寸法
※裏布は同寸の1枚布

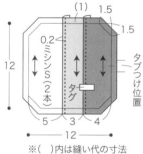

※（　）内は縫い代の寸法
※裏布は同寸の1枚布

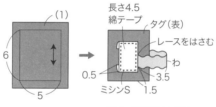

綿テープを縫いつけて
周囲の縫い代を折る
※レースは二つ折りにして
綿テープとタグにはさむ

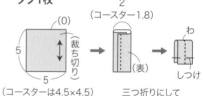

三つ折りにして
ミシンステッチ

1　表布と裏布を中表に縫う
※コースターと共通

表布と裏布を中表に合わせ
返し口を残して縫う

2　表に返す

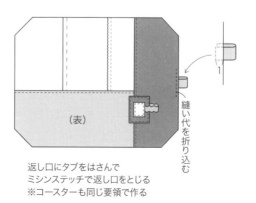

返し口にタブをはさんで
ミシンステッチで返し口をとじる
※コースターも同じ要領で作る

P23 布耳パッチワークのバッグ

底の実物大型紙はとじ込み付録裏②

〈材料〉
布の耳各種
土台布用キルティング地110×80cm
中袋110×35cm
4.5cm幅バイアステープ80cm
革10×10cm
直径1.8cm、3cmボタン各1個
内寸2.5cm Dかん2個
革製タブ1組
長さ56cm革製持ち手(調整かんつき)1組

〈作り方のポイント〉
● 布耳の縫いつけ方は、P24を参照。

〈出来上がり寸法〉
27.5×25×21cm

布耳ブロックの作り方

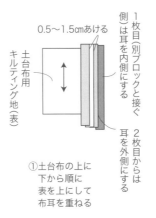
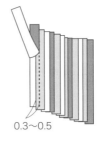

① 土台布の上に下から順に表を上にして布耳を重ねる
② まち針を打ち下から順にミシンで縫う(往復縫いする)
③ 余分な布耳(上下部分)をカットする

前1枚(ブロック①〜⑥、中袋各1枚)

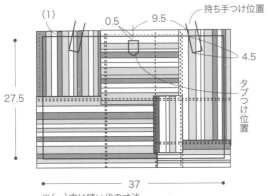
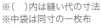

※( )内は縫い代の寸法
※中袋は同寸の一枚布

布の耳を縫いつけたブロック同士を1.5ずつ重ねてミシンS(1〜2本)

③の端を⑤の上にする

ブロックの寸法(すべて裁ち切り)
① 15.5×14.5(布耳13枚)
② 15.5×16.5(布耳12枚)
③ 15.5×25(布耳13枚)
④ 24.5×11(布耳9枚)
⑤ 6.5×15.5(布耳5枚)
⑥ 10.5×6(布耳5枚)
※各ブロックの布耳は矢印の方向に重ねる

後ろ1枚(ブロック①〜④、中袋各1枚)

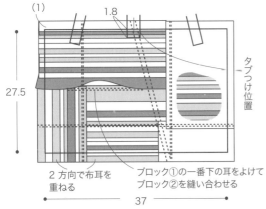
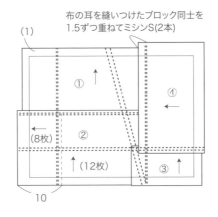

2方向で布耳を重ねる
ブロック①の一番下の耳をよけてブロック②を縫い合わせる
※( )内は縫い代の寸法
※中袋は同寸の一枚布

布の耳を縫いつけたブロック同士を1.5ずつ重ねてミシンS(2本)

ブロックの寸法(すべて裁ち切り)
① 15×26.5(布耳13枚)
② 16×26.5(布耳20枚)
③ 9×15.5(布耳7枚)
④ 22×14(布耳13枚)
※各ブロックの布耳は矢印の方向に重ねる

底1枚(中袋1枚)

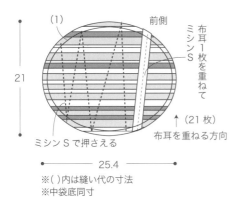

※( )内は縫い代の寸法
※中袋底同寸

1　前にタグとボタンをつける

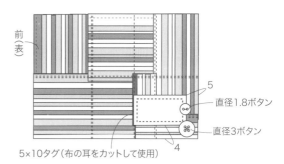

5×10タグ(布の耳をカットして使用)

ブロックを縫い合わせた前に飾りのタグとボタンを縫いつける

2　前と後ろを中表に縫う

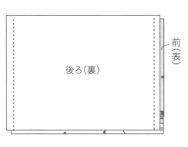

前と後ろを中表にして両脇を縫い縫い代を割る

3　中袋を中表に重ねて縫う

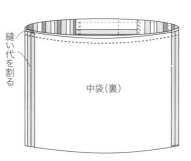

本体と同様に両脇を縫った中袋を本体に中表に重ね、口をぐるりと縫う

4　底を中表に重ねて縫う

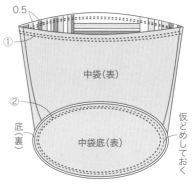

① 中袋を表に返し、口をミシンS (2周する)
② 中袋底を重ねて仮どめした底を中表に重ねて縫う

5　パイピングで始末する

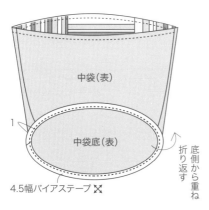

4.5幅バイアステープ

底の縫い代をパイピングで始末する

6　タブと持ち手をつける

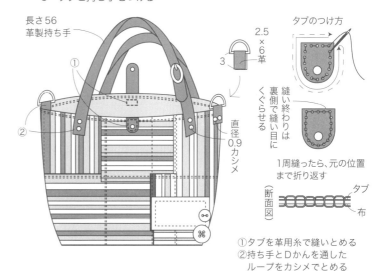

① タブを革用糸で縫いとめる
② 持ち手とDかんを通したループをカシメでとめる

P25 布耳パッチワークのショルダー

前、後ろ、ポケットの実物大型紙は
とじ込み付録裏③

〈材料〉
本体土台用キルティング地、中袋用布
(当て布分含む) 各65×25cm
ファスナーポケット上用布35×10cm
ファスナーポケット下用布2種、内ポケット用布各35×15cm
布の耳適宜
長さ25cmファスナー1本
ループ用2.7cm幅リネンテープ、1.5cm幅レース各10cm
内ポケット用1.5cm幅レース15cm
直径1.1cm、1.5cmボタン各1個
直径1.8cmマグネットボタン1組
内寸2.5cmDかんAK-6-31〈Ⅰ〉2個
当て布、タグ・タブ用革、25番刺しゅう糸適宜
長さ110cmナスかんつき肩ひも
YAS-1011(870)〈Ⅰ〉1本

〈作り方のポイント〉
●布の耳は幅をランダムに変えて重ねる。
布の耳の縫いつけ方はP24を参照。

〈出来上がり寸法〉
19.5×29.5cm

本体2枚
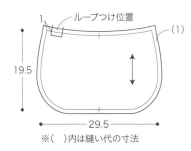

中袋2枚
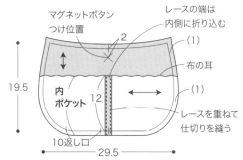

ファスナーポケット上1枚
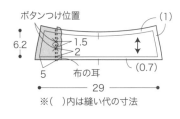

ファスナーポケット下1枚(裏布1枚)
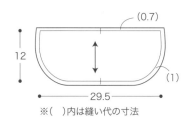

1 本体前を作る
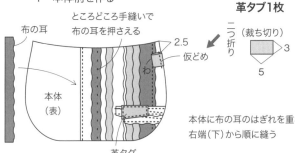

革タブ1枚

当て布2枚

2 ファスナーポケットをつけて本体後ろを作る
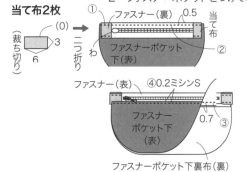

①ファスナーの両端に二つ折りにした当て布を重ね、縫いつける(P53と同様にする)
②ファスナーポケット下に中表に仮どめする
③裏布をファスナーの裏に合わせて縫う
④ファスナーポケット下、裏布をそれぞれ表に返してミシンS

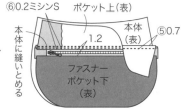

⑤ファスナーポケット上を
ファスナーに中表に合わせて縫う
⑥表に返し、本体に重ねてミシンS

3 本体を縫う
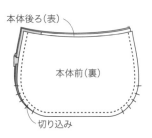

本体前と後ろを中表に合わせて縫い
カーブ部分に切り込みを入れて
表に返す

P28 ポットマット

前、後ろの実物大型紙はとじ込み付録裏④

〈材料〉
前用はぎれ各種
後ろ用ニット、接着キルト綿各25×20cm
1.2cm幅綿テープ8cm
タグ用布4×5.5cm
花モチーフ、直径0.3cmビーズ各1個
25番刺しゅう糸茶適宜

〈作り方のポイント〉
●接ぎ目はミシンSを2本入れたり、手縫いで押さえてアクセントにする。

〈出来上がり寸法〉
20×15cm

前1枚(接着キルト綿1枚)

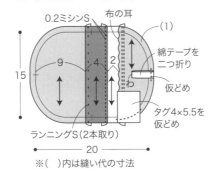

※( )内は縫い代の寸法

後ろ1枚(接着キルト綿1枚)

※( )内は縫い代の寸法

ランニングS

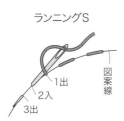

1　前と後ろを中表に合わせて縫う

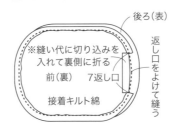

裏に接着キルト綿を貼った前と後ろを
中表に合わせて、返し口を残して縫う

2　表に返す

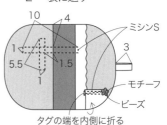

表に返して返し口をとじ
ミシンSで前と後ろを押さえ
飾りの花モチーフをつける

4　本体と中袋を中表に合わせて口を縫う

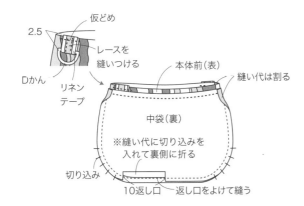

Dかんを通したループを本体に仮どめし
本体と同様に縫った中袋と中表に
合わせて口を縫う

5　表に返す

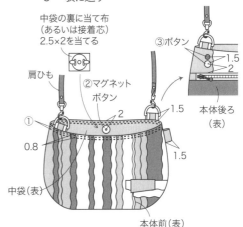

①表に返して口をミシンS(2本)で押さえる
②返し口から手を入れ、中袋にマグネットボタンをつけ、返し口をとじる
③本体後ろにボタンをつける

P28 ウランド形鍋つかみ

前、後ろ、裏布の実物大型紙は
とじ込み付録裏⑤⑥

〈材料〉
前A、B、後ろ用キルティング地50×20cm
裏布A、B用布リネン30×20cm
後ろ裏布用キルティング地25×20cm
1cm幅レース10cm
0.4cm幅波形ブレード20cm
25番刺しゅう糸赤適宜

〈作り方のポイント〉
●前A、Bの口部分は1cm分裏布の縫い代で
くるんでパイピング仕上げにする。

〈出来上がり寸法〉
15×20cm

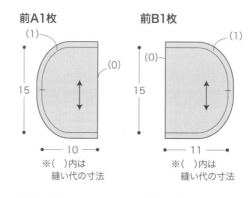

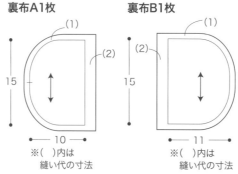

1 前A、Bを縫う

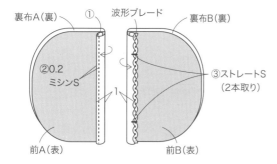

①接着キルト綿を貼った前A、Bと裏布を中表に合わせて縫う
②表に返して、裏布を1cmずらして折り、ミシンS
③前Bに波形ブレードをつけ、刺しゅうをする

2 本体と裏布を重ねて縫う

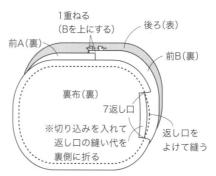

後ろに前A、Bを中表に合わせ
その上に裏布を中表に重ねて
返し口を残して周囲を縫う

3 表に返す

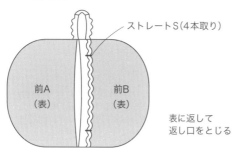

表に返して
返し口をとじる

ストレートS

P28　スクエア形鍋つかみ

〈材料〉
前用はぎれ各種
後ろ用布20×25cm
中袋用布ネル地20×45cm
接着キルト綿40×25cm
0.8cm幅レース10cm
1.5cm幅テープ5cm
タグ1枚

〈作り方のポイント〉
●口や接ぎ目はところどころミシンSを2本入れたり、糸の色を変えてアクセントにする。

〈出来上がり寸法〉
20×16cm

前1枚(接着キルト綿1枚)

※( )内は縫い代の寸法
※接着キルト綿は裁ち切り

後ろ1枚(接着キルト綿1枚)

※( )内は縫い代の寸法
※接着キルト綿は裁ち切り

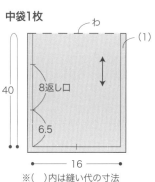

中袋1枚

※( )内は縫い代の寸法

1　前と後ろを中表に合わせて縫う

裏に接着キルト綿を貼った前と後ろを中表に合わせて縫う

2　本体と中袋を中表に縫う

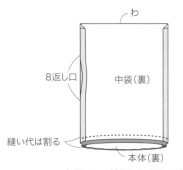

中表に二つ折りにし、返し口を残して両脇を縫った中袋と本体を中表に合わせて口を縫う

3　表に返す

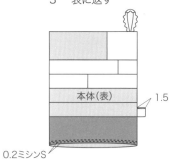

表に返して返し口をとじ口をミシンS(2本)

P30、31 シンプルStyleのエプロン

身頃、見返しの実物大型紙はとじ込み付録裏⑦

〈材料〉

●カーキエプロン
表布麻キャンバス（カーキ）<オ>110×100cm
見返し用花柄布（飾り布分含む）60×15cm
見返し用接着芯40×15cm
手縫い糸赤適宜

●ストライプエプロン
表布（ストライプ）<オ>110×100cm
見返し用花柄布、接着芯各40×15cm
8cm幅レース25cm
飾りボタン2種
手縫い糸赤適宜

〈作り方のポイント〉
●肩ひもを交差させて重ねる

〈出来上がり寸法〉
着丈95cm

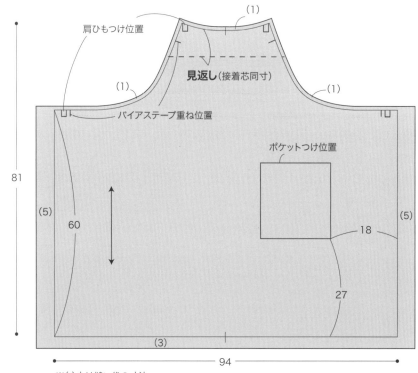

〈共通〉身頃1枚

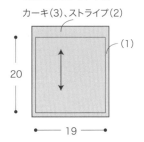

〈共通〉ポケット1枚
カーキ(3)、ストライプ(2)

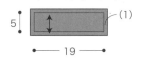

〈カーキ〉飾り布1枚

〈カーキ〉ポケットの作り方

①口の縫い代を三つ折りしてミシンS

②上下を出来上がりに折った飾り布を重ね、ミシンS
③3辺の縫い代をジグザグSで始末する

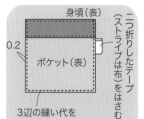

〈共通〉ポケットのつけ方

3辺の縫い代を内側に折り、ミシンS

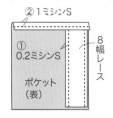

〈ストライプ〉ポケットの作り方

①レースを重ね、ミシンS
②口を出来上がりに外側に折り、ミシンS

③横糸を抜いてフリンジにする（布の耳を生かしてもよい）
④3辺の縫い代をジグザグSで始末する

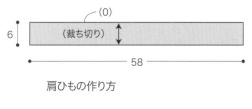

〈共通〉肩ひも2枚

肩ひもの作り方

四つ折りにしてミシンS

1　身頃に肩ひもを仮どめする

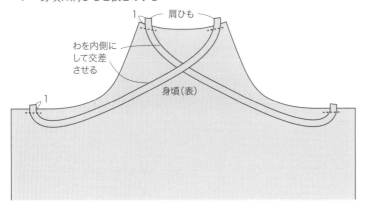

肩ひもを交差させて身頃の表に重ね、ミシンＳで仮どめする

2　見返しを仮どめする

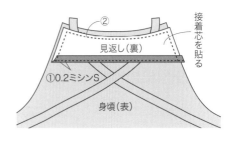

①接着芯を貼った見返しの下辺を
　出来上がりに折り、ミシンＳする
②身頃の表に重ね、ミシンＳで仮どめする

3　バイアステープを重ねて縫う

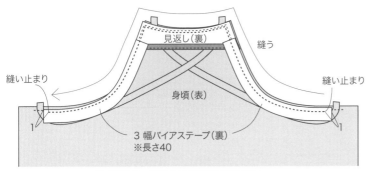

バイアステープをつけ位置に中表に重ね、
出来上がり線を縫う

4　脇の縫い代を折って縫う

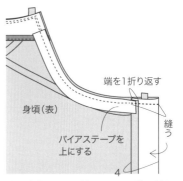

脇を出来上がりに折り、さらに端を折り返して
バイアステープの縫い目に重ねるように
出来上がり線を縫う

5　身頃上部をミシンＳ

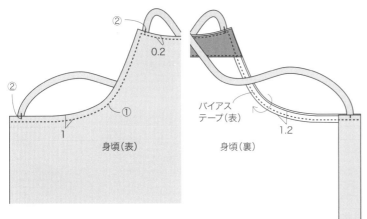

①脇の縫い代とバイアステープ（端を折り込む）、見返しを表に返し
　ミシンＳで押さえる※上部は布端をミシンＳ
②肩ひもの根元をそれぞれ赤糸でストレートＳ（4本取り）して飾りにする

6　脇と裾を縫う

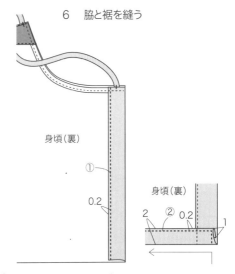

①脇の縫い代をミシンＳで押さえる
②裾を折ってミシンＳで押さえる
③ポケットをつける
※〈ストライプ〉は飾りのボタンを
　肩ひもの位置に好みで縫いとめる

P33 携帯用ソーイングケース

〈材料〉
表布A 用布花柄40×25cm
表布B 用布リネン青（内布分含む）〈オ〉
40×40cm
ピンクッション用布10×25cm
内ポケットA、B、C用はぎれ各種
直径1.3cm飾りボタン1個
内ポケットB用1.2cm幅綿テープ〈デ〉35cm
表布用1.5cm幅テープ5cm
ピンクッション用0.4cm幅波形ブレード20cm
ピンクッション用2.5cm幅レース10cm
ひも用0.5cm幅ブレード50cm
タグ、革、手芸綿、25番刺しゅう糸各適宜

〈作り方のポイント〉
●内ポケットA、B、Cはすべて片側の端は裁ち切りでジグザグSをかけ、1cmずらして二つ折りにする。ジグザグSをかけた側をポケット裏側にする。
●返し口は縫い代に切り込みを入れて作る。

〈出来上がり寸法〉
25×33cm

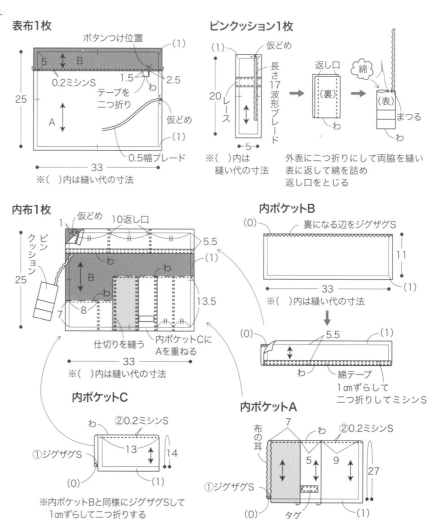

1　表布と内布を中表に合わせて周囲を縫う

2　表に返す

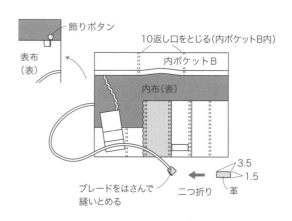

P45 携帯電話ケース

前、後ろの実物大型紙はとじ込み付録裏⑧

〈材料〉
本体用布リネン青〈オ〉、接着キルト綿
各35×25cm
中袋用布リネンストライプ（タブ分含む）
〈オ〉40×25cm
ポケット用布花柄20×15cm
ポケット用裏布〈デ〉20×20cm
直径1cmスナップボタン1組
ループ用1.5cm幅綿テープ7cm
内寸1.2cm Dかん2個
2.5cm幅レース10cm
直径0.4cmラインストーン1個
革タグ、25番刺しゅう糸各適宜
長さ35cm Dかんつき持ち手
BS-3551A（25）〈I〉1本

〈作り方のポイント〉
●本体の裏に接着キルト綿を貼る。
●ポケット口は裏布が0.5cm見えるように折りたたんでミシンSする。

〈出来上がり寸法〉
18×14.5cm

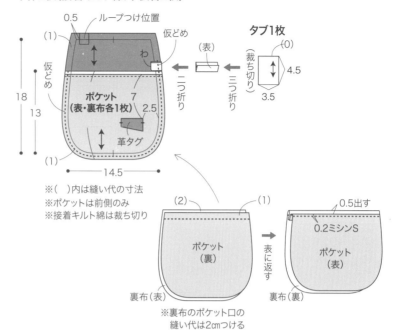

1 本体を縫う

本体前と後ろを中表に合わせて縫い、カーブ部分に切り込みを入れて表に返す

2 本体と中袋を中表に合わせて口を縫う

3 表に返す

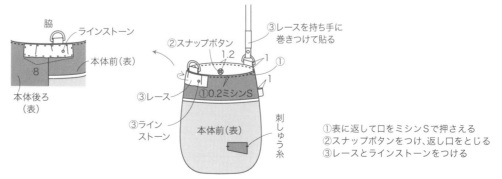

P34 バニティ形ソーイングケース

フタ、底、側面bの実物大型紙はとじ込み付録裏⑨⑩

〈材料〉
フタ用はぎれ3種※レース地は〈オ〉
底用布（底用内ポケット分含む）55×20cm
側面a・b用布（糸巻きホルダー、
ファスナーポケット裏布分含む）45×50cm
ファスナーポケット用表布25×15cm
裏布用キルティング地、接着キルト綿
各60×40cm
1.2cm幅綿テープ〈デ〉45cm
4.5cm幅綿レース、0.3cm幅革ひも
各15cm
バテンレース、タグ各1枚
レース地用土台布適宜
長さ20cm、50cmファスナー、
長さ19cm革製持ち手各1本

〈作り方のポイント〉
● フタのレース地は土台布に重ね、周囲を
縫いとめて使う。
● 持ち手は、側面の裏布まですくってつける。
● フタ、底と側面は合印をつけて、しつけを
して縫い合わせる。

〈出来上がり寸法〉
15×22×6cm

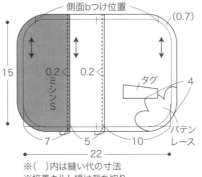

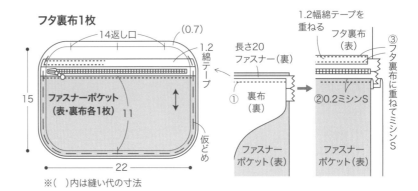

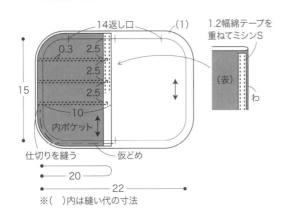

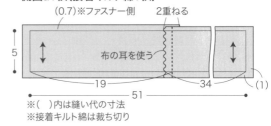

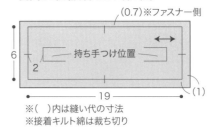

側面a裏布1枚

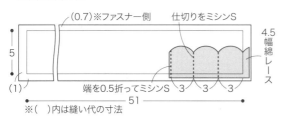

※( )内は縫い代の寸法

側面b裏布1枚

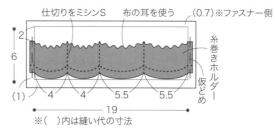

※( )内は縫い代の寸法

糸巻きホルダー1枚

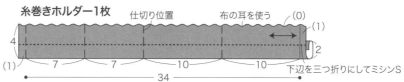

1 側面aにファスナーをつける

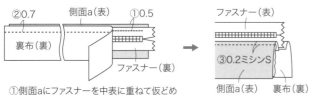

① 側面aにファスナーを中表に重ねて仮どめ
② 裏布を中表に重ねて縫う
③ 表に返し、ミシンSで押さえる

2 側面a、bを輪に縫う

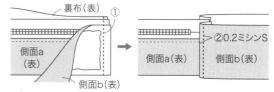

① 側面bと裏布を中表に合わせ、側面aをはさんで縫う
② 表に返してミシンSで押さえる
※反対側も同様にする

3 フタと側面a、bを縫い合わせる

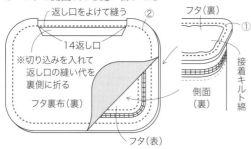

① フタと側面a、b(ファスナー側)を中表に合わせて縫う
② 側面を内側に入れ、フタ裏布を中表に合わせて縫う
③ 表に返す
④ 底も同様にする

4 返し口をとじる

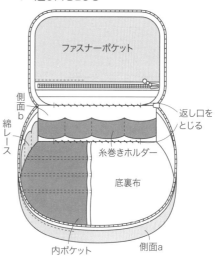

フタと底の返し口をコの字とじして、とじる

5 持ち手をつける

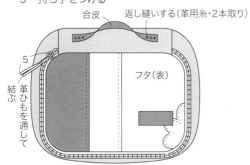

〈材料〉
●ミニソーイングケース
A用布、接着キルト綿、内ポケット用布
各20×15cm
B用布（ピンクッション、飾り布分含む）、
内布各20×15cm
1.2cm幅綿テープ〈デ〉15cm
花形レースモチーフ1枚
直径1.2cmボタン2個
ひも用長さ12cmブレード1本
内寸1cm Dかん、花形ボタン、2.1cm幅ニット
ピン、ストラップ各1個
5cm幅綿レース、ループ用1cm幅テープ、0.8、
1.2cm幅レース、0.3cm幅波形ブレード、手芸
綿各適宜
〈出来上がり寸法〉
10×6.5cm

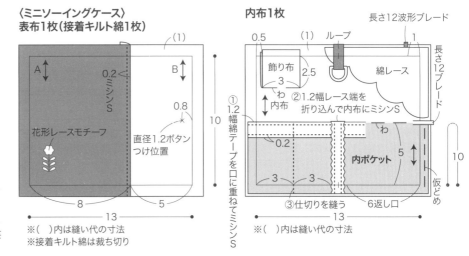

1　表布と内布を中表に縫う

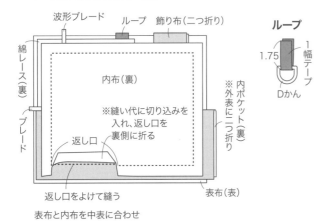

2　表に返す

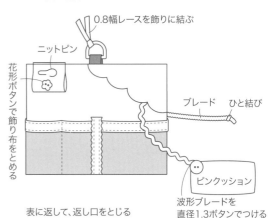

3　ボタンをつける

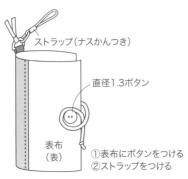

ピンクッション

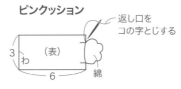

5×14cmの布（裁ち切り）を
中表に二つ折りして縫い
表に返して綿を詰める

〈材料〉
◉ピンクッション
布20×20cm
布の耳、麻ひも、両面テープ、2cm幅レース、装飾パーツ、手芸綿各適宜
高さ3.8cm容器1個
◉アームピンクッション
布4種（花柄は〈デ〉）各10×10cm
バンド用布30×10cm
0.8cm幅レース10cm
直径1cmボタン、直径4cmつつみボタン各1個
1cm幅平ゴム20cm
つつみボタン用はぎれ、キルト綿、手芸綿各適宜
◉糸切りばさみ
テープ用端切れ、両面テープ各適宜

〈出来上がり寸法〉
ピンクッション　直径4×4.5cm
アームピンクッション　直径7cm
糸切りばさみ　長さ10.5cm

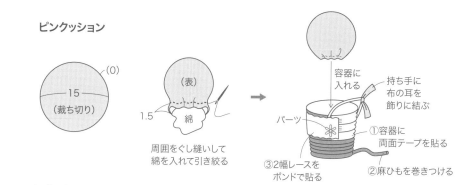

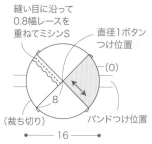

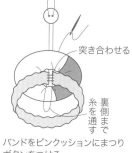

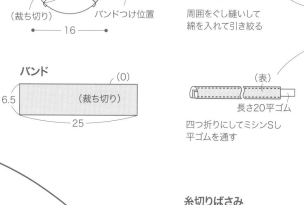

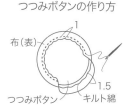

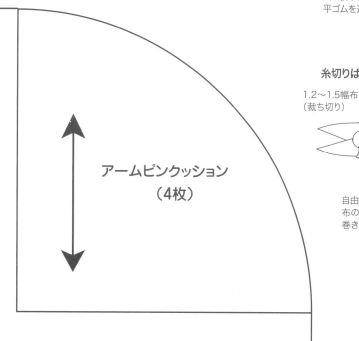

P36 ノエルのガーランド

実物大型紙はP85

〈材料〉
ウール3種、フリース、ファー各10×10cm
ニット地10×15cm
キルティング地、レース地各30×15cm
1.7cm幅レース3.5cm
ポンポンブレード6cm
1cm幅レース3.5cm
0.4cm幅テープ4cm
グログランテープ4cm
E飾り用レース、25番刺しゅう糸各適宜

〈作り方のポイント〉
●すべて裁ち切りでミシンSで縫い合わせる。縫い方はP37を参照。

〈出来上がり寸法〉
N 8.5×7cm
O 6.5×5.5cm
E 8×5.5cm
L 8.5×7cm
ブーツ 11×7.5cm

文字N、E、L（ウール、キルティング、レース各1枚）

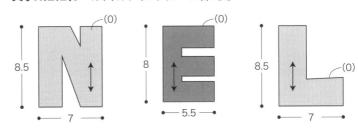

※( )内は縫い代の寸法、すべて裁ち切り

文字O（フリース、ファー各1枚）

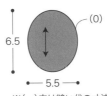

※( )内は縫い代の寸法 すべて裁ち切り

ブーツ（ニット、キルティング、レース各1枚）

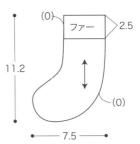

※( )内は縫い代の寸法、すべて裁ち切り

〈共通〉粗裁ちした布を一度に外表に重ねて周囲を縫い、縫い目に沿ってカットする

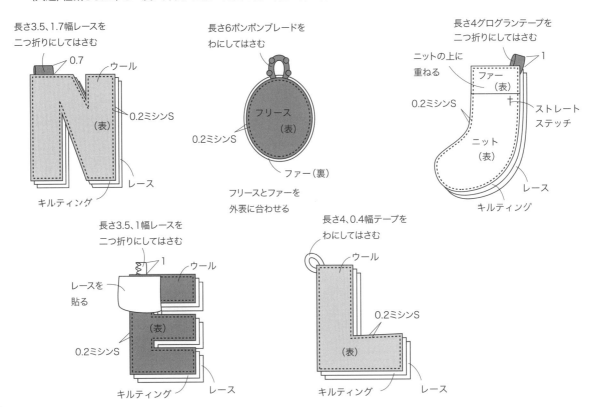

P37 くつしたのオーナメント

前、後ろの実物大型紙はとじ込み付録歌⑪

〈材料〉(1点分)
本体前用はぎれ各種
本体後ろ用ファー35×20cm
中袋用布25×15cm
直径1.4cm飾りボタン1個
直径0.1cmワックスコード15cm
25番刺しゅう糸適宜

〈作り方のポイント〉
●本体はお好みのサイズの布で自由にピースワークをし、手縫いでステッチを入れたり、布の耳を使ってアクセントにする。

〈出来上がり寸法〉
28×15cm

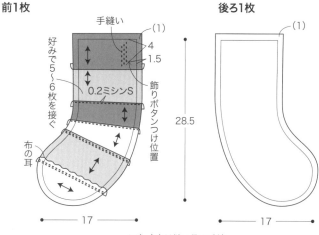

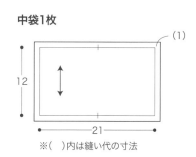

※( )内は縫い代の寸法

1　前、後ろを中表に縫う

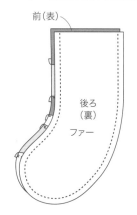

本体前と後ろを中表に合わせて周囲を縫い、表に返す

2　中袋をつける

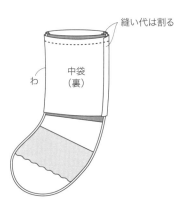

輪に縫った中袋と本体を中表に合わせて口を縫う

3　中袋を表に返す

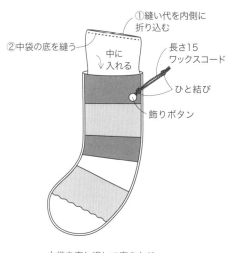

中袋を表に返して底をとじ
飾りボタンとひもをつける

P44 スリムなダブルファスナーポーチ＜小＞

〈材料〉
本体A用布リネン緑10×25cm
本体B用布レース地、土台布各5×25cm
本体C用布花柄20×25cm
中袋a、b用布2種各25×25cm
1.6cm幅レース16cm
タブ用2.5cm幅リネンテープ4cm
ホルダー用2.6cm綾テープ、
1.5cm幅レース各10cm
長さ20cmファスナー2本
タグ、25番刺しゅう糸各適宜

〈作り方のポイント〉
● ファスナーの端は三角に折る。
● 返し口は縫い代に切り込みを入れて作る。
● レース地は土台布に重ね、周囲を縫いとめて使う。

〈出来上がり寸法〉
10.5×22cm

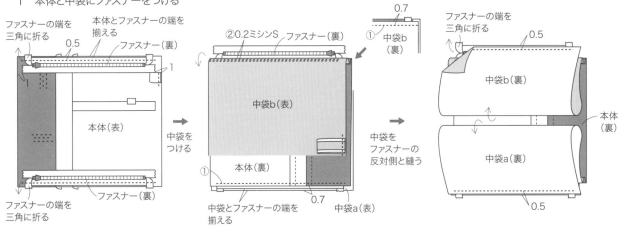

1. 本体と中袋にファスナーをつける

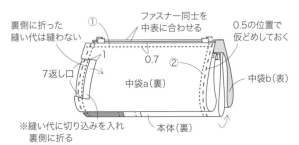

2. ファスナーを縫い合わせて脇を縫う

3. 表に返す

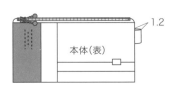

表に返して返し口をとじる

P44 スリムなダブルファスナーポーチ＜大＞

〈材料〉
本体A用布レース地、土台布各10×35cm
本体B用布小花柄5×35cm
本体C用布花柄20×35cm
中袋a、b用布（内ポケット分含む）2種
各50×35cm
2.5cm幅リネンテープ4cm
長さ20cmファスナー2本
タグ、レースモチーフ各適宜

〈作り方のポイント〉
●仕立て方はP84スリムなダブルファスナーポーチ＜小＞と同じ。

〈出来上がり寸法〉
15×21 cm

P36 ノエルのガーランド
（作り方P82）の実物大型紙
※すべて裁ち切りで、表布と裏布は対称形に裁つ

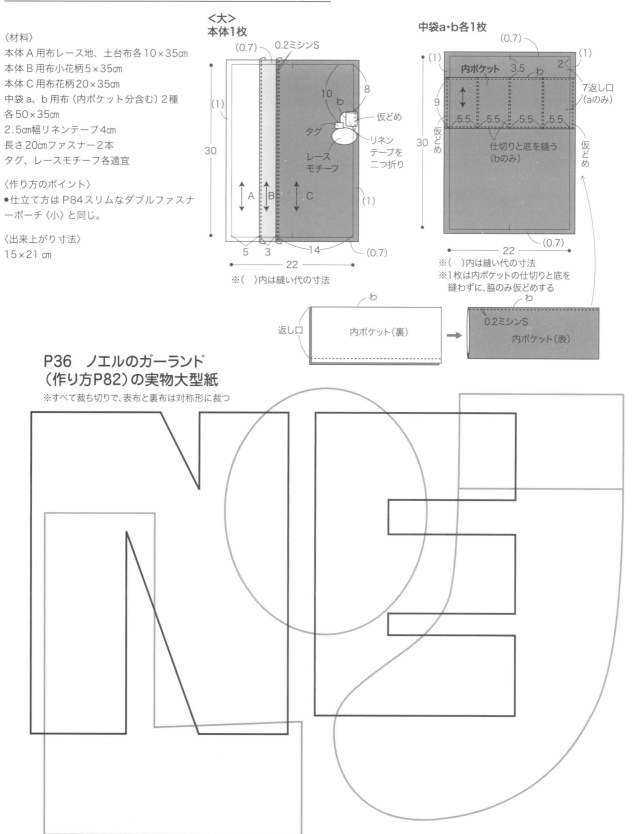

P42 ティッシュケースつきポーチ

前、後ろ、ファスナーマチ、底マチの実物大型紙
はとじ込み付録裏⑫⑬⑭

〈材料〉
前用布無地（底マチ分含む）〈デ〉
30×25cm
後ろ用布花柄（ファスナーマチ、ポケットa、b分含む）〈デ〉45×40cm
裏布（内ポケット、タブ分含む）〈デ〉
各70×25cm
接着芯50×25cm
長さ20cmファスナー1本
タグ1枚

〈作り方のポイント〉
● ファスナーの縫い方のコツはP47を参照。
● 前、後ろとファスナーマチは合印をつけて、しつけをかけて縫い合わせる。
● 返し口は前を底側、後ろを口側にして、両端の縫い代に切り込みを入れる。

〈出来上がり寸法〉
10.5×14×10cm

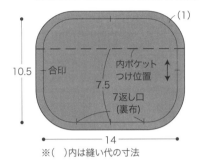

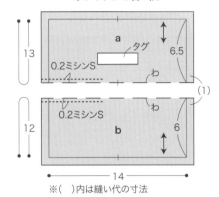

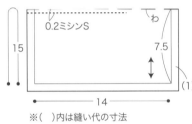

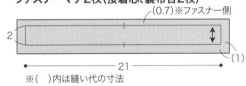

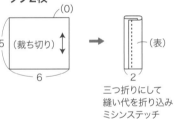

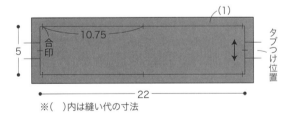

1　前にポケットa・bをつける

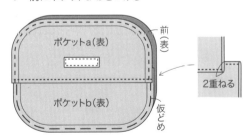

前にポケットa・bを外表に二つ折りして重ねる
※ポケットの縫い代分の余分は前に揃えてカットする
※後ろ裏布に内ポケットを重ね、同様にカットする

2 ファスナーマチにファスナーをつける

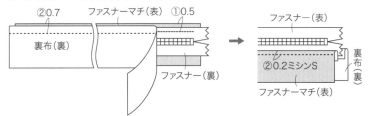

① ファスナーマチとファスナーを中表に合わせて縫う(仮どめ)
② 裏布を中表に合わせ、ファスナーをはさんで縫う
③ 表に返して、ミシンSで押さえる
④ 反対側も同様にする

3 ファスナーマチと底マチを輪に縫う

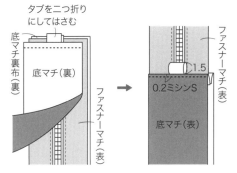

① 底マチと裏布を中表に合わせ
　 間にタブを仮どめしたファスナーマチをはさんで縫う
② 表に返し、ミシンSで押さえる
③ 反対側も同様にする

4 前とマチを縫い合わせる

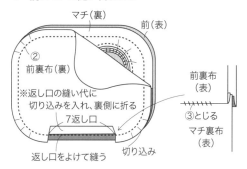

① 前とマチを中表に合わせて縫う
② マチを内側に入れ、裏布を中表に合わせて縫う
③ 表に返して返し口をとじる
※後ろも同様にする

5 表に返す

87

P40、41 iPad & iPad mini ケース

〈材料〉
◉〈大〉iPad ケース
A 用布ドット柄 35×30cm
B 用布（内ポケット a 用裏布分含む）70×30cm
内側用布（ファスナーポケット裏布、当て布分含む）
70×55cm
内ポケット a、b 用布アニマル柄
（ストラップ分含む）70×40cm
接着キルト綿 50×35cm
長さ 30cm ファスナー 1 本
1.2cm幅麻テープ〈デ〉40cm
直径 1.8cm マグネットボタン 1 組
内寸 1.5cm D かん、内寸 1.2cm ナスかん各 1 個
◉〈小〉iPad mini ケース
表側用ラミネートプリント（表布 a、ファスナーポケット、内ポケット a'、ストラップ分含む）
〈デ〉90×30cm
ファスナーポケット裏布（当て布分含む）
30×45cm
内側用布（内ポケット a' 用裏布、内ポケット b' 分含む）100×30cm
長さ 25cm ファスナー 1 本
1.2cm幅綿テープ 2 種〈デ〉各 30cm
1.5cm幅麻テープ 5cm
直径 1.8cm マグネットボタン 1 組
内寸 1.5cm D かん、内寸 1.2cm ナスかん各 1 個

〈作り方のポイント〉
●表布とファスナーポケットの裏に同寸の接着キルト綿（裁ち切り）を貼る。
●返し口の両端の縫い代に切り込みを入れる。

〈出来上がり寸法〉
〈大〉iPad ケース 23×31cm
〈小〉iPad mini ケース 18×26cm

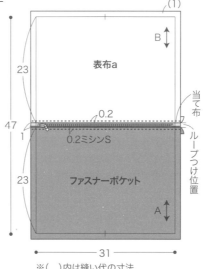

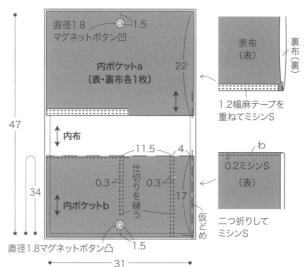

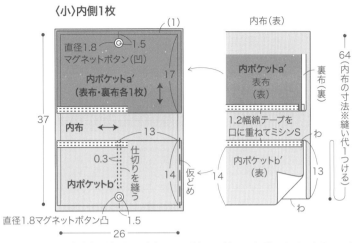

〈大・小共通〉

1 表側のファスナーポケットを縫う

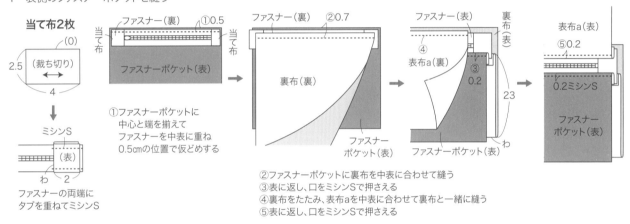

2 表側と内側を中表に縫う

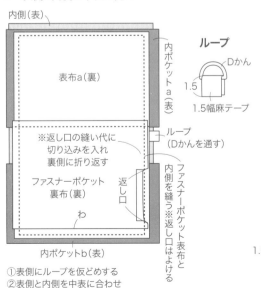

3 表に返す

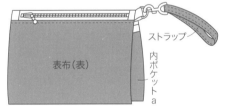

① 表に返し、返し口をとじる
② ストラップをつける

ストラップ

① 外表に合わせ、縫い代を折り込んでミシンS　　② ナスかんをつける

P43 ワイヤー口金ポーチ

本体の実物大型紙はとじ込み付録裏⑮

〈材料〉
A 用布花柄〈デ〉50×15cm
B 用布ボーダー〈デ〉25×15cm
C 用布リネン黒 35×20cm
中袋用布（タブ分含む）〈デ〉35×50cm
1.2cm幅綿テープ〈デ〉35cm
タグ1枚
長さ30cmファスナー1本
15×5cmワイヤー口金1組

〈作り方のポイント〉
●本体と中袋の脇の縫い代は交互に倒す。

〈出来上がり寸法〉
13×20×8cm

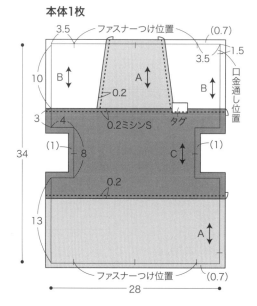

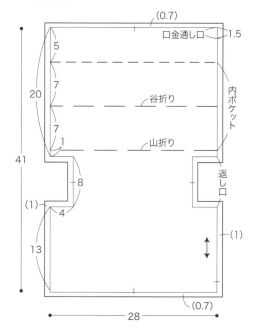

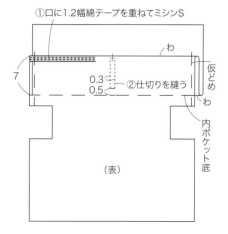

1 内ポケットを作る

①内ポケットの口を外表に合わせてミシンS
②内ポケットをたたんで仕切りを縫う

2 本体にファスナーを仮どめする

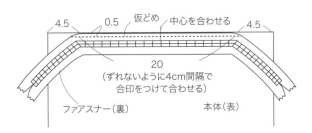

本体に中心と端を合わせて、中表にファスナーを重ねて仮どめする

3 本体と中袋を中表に縫う

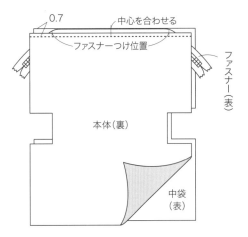

①本体と中袋を中表に合わせ
　ファスナーをはさんで中心を合わせ、口を縫う
②反対側も同様に縫う

4 脇とマチを縫う

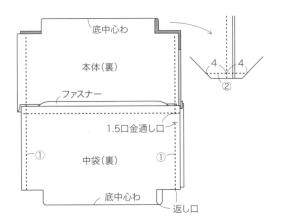

①本体と中袋をそれぞれ中表に合わせて
　底中心で折り直し、口金通し口を残して両脇を縫う
②中袋の返し口を残してマチを縫う

5 表に返す

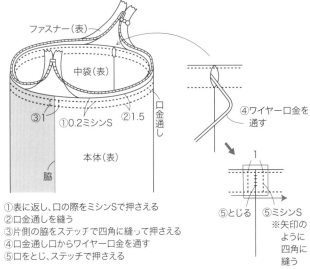

①表に返し、口の際をミシンSで押さえる
②口金通しを縫う
③片側の脇をステッチで四角に縫って押さえる
④口金通し口からワイヤー口金を通す
⑤口をとじ、ステッチで押さえる

6 タブとタグをつける

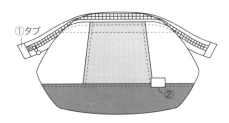

①ファスナーの両端にタブをつける
②本体をすくってタグをつける

タブ2枚

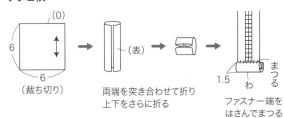

P39 タックつきフラットポーチ

本体の実物大型紙はとじ込み付録裏⑯

〈材料〉
本体A用布ピンク〈デ〉40×20cm
本体B用布花柄〈デ〉30×20cm
中袋用布60×20cm
長さ20cmファスナー1本
レース適宜

〈作り方のポイント〉
●ファスナーの縫い方はP46を参照。

〈出来上がり寸法〉
15×25cm

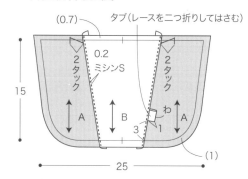

※( )内は縫い代の寸法
※タブは前側のみ、B布は前側は花柄、後ろ側はレース地
※中袋は同寸の1枚布

1　本体と中袋のタックを縫う

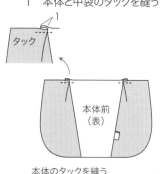

本体のタックを縫う
※中袋は本体と逆にタックを倒す

2　ファスナーをつける

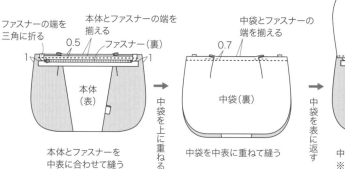

本体とファスナーを
中表に合わせて縫う　中袋を中表に重ねて縫う　中袋を表に返し、ミシンS
※反対側も同様にして縫う

3　周囲を縫う

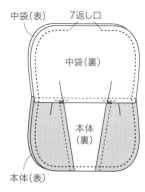

本体同士、中袋同士を
それぞれ中表に合わせて
返し口を残して縫う

4　表に返す

表に返し、返し口をとじる

P39、P20 ワンハンドルのタックつきフラットポーチポーチ＆冬マリンのポシェット

本体の実物大型紙はとじ込み付録裏⑯

〈材料〉

●ワンハンドル
本体A、B〈デ〉用布各25×20cm
本体C用布（中袋分含む）80×20cm
接着キルト綿55×20cm
1.6cm幅リネンテープ3cm
1.4cm幅テープ5cm
ループ用1.5cm綿テープ8cm
内寸1.3cm Dかん2個
長さ35cm Dかんつき持ち手
BS-3551A（26）〈I〉1本
レースモチーフ1枚
直径1cmスナップボタン1組

●冬マリン
前用ニット地〈デ〉15×20cm
前、後ろ用ファー、接着芯、中袋用布各55×20cm
1.5cm幅テープ5cm
ループ用2.1cmリネンテープ、1.5cm幅レース各8cm
持ち手用2.5cm綾テープ（1mm厚）、
1.5cm幅レース各105cm
内寸2cm Dかん AK-6-27〈I〉2個
内寸2cmアミナすかん AK-19-20〈I〉2個
直径1.3cmボタン1個
直径0.2cmワックスコード20cm

〈作り方のポイント〉
●〈ワンハンドル〉はスナップボタンの裏に当て布を当てるとよい。
●〈冬マリン〉は〈ワンハンドル〉と同じ型紙と縫い合せ方で、タックなしで作る。

〈出来上がり寸法〉
各15×25cm

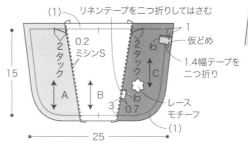

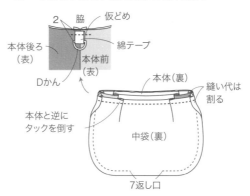

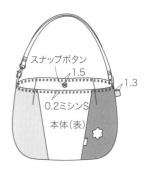

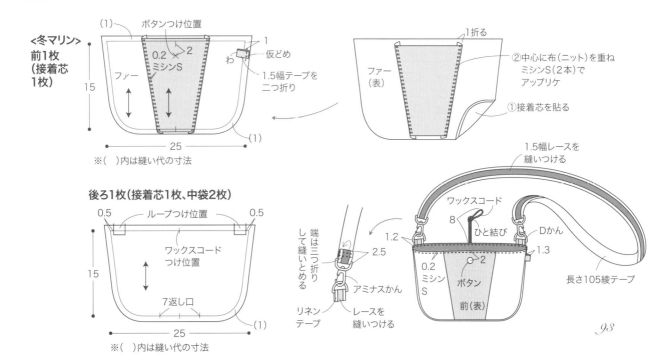

ソーイングの基礎知識

作品作りをはじめる前に、作り方の基本をおさらいしましょう。

作品作りの順序

| 1. 材料の用意 & 布の地直し | 布目がゆがんだままで縫うと、形崩れをする恐れがあるため、布を整える「地直し」をしておきましょう。 |

| 2. 型紙の用意 | とじ込みの型紙をハトロン紙などの製図用紙に写しとります。このとき、布目線や合印、縫い止まりの印などもすべて写しましょう。 |

| 3. 布の裁断及び、接着芯を貼る | 型紙を布に重ねて、型紙に沿って布を裁断します。接着芯を貼るパーツは、粗裁ちした布に接着芯を貼っておきましょう。 |

| 4. 印つけ | 出来上がり線や合印、ダーツや縫い止まりの印を布につけます。 |

| 5. ミシン縫い（縫製） | 各パーツ同士を縫い合わせます。縫い合わせる度に、アイロンを当てて、縫い代を割る、あるいは片倒ししましょう。 |

完成

●布地の名称

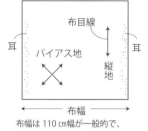

布幅は110cm幅が一般的で、145〜150cm幅のW幅などがある

布目…布の織り目のタテ糸とヨコ糸の方向のこと。タテ糸は布の耳と平行。
布目線…縦地（タテ糸の方向）の向きを示したもの。横地に比べて伸びにくいため、この向きで布を裁つことが多い。
バイアス地…布目に対して45度の角度で、最も伸びやすい。

●地直しについて

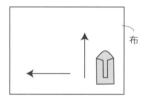

布の縦地、横地に沿って少しずつかける

リネンなど洗濯すると縮みやすい布は、あらかじめ地直しして、布目を整えておきましょう。布を水に1時間程つけ、軽く脱水してから陰干しし、生乾きのうちにアイロンを当てて、布目を整えます。

●接着芯の貼り方

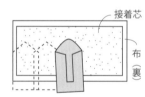

粗裁ちした布の裏に接着芯ののり面を重ね、中温のドライアイロンで、1箇所につき10秒程押さえて接着します。

●ミシンの糸と針

布の厚さによって使う針と糸を変えます。針は細いもの程、数字が小さく、糸は、太いもの程数字が小さくなります。

▶ラベルにある糸の番手を確認しましょう。

	薄地	普通地	厚地
針	9番	11番	14番
糸	90番	60番	60、30番

※判別しづらい場合は、布の端切れで試し縫いしましょう。

● 型紙の写し方

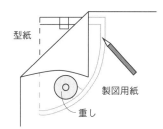

とじ込みの実物大型紙に半透明の製図用紙（あるいはハトロン紙）を重ね、出来上がり線と縫い代線のほか、記号をすべて写し取る

● 布の裁断と印つけの仕方

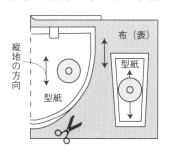

布が足りなくならないように、型紙を布の上にすべて並べてから、重しをのせて型紙に沿って布を裁つ
※布を持ち上げないようにして裁ちます

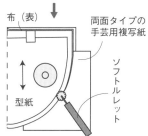

布の間に手芸用複写紙をはさみ、ルレットで出来上がり線をなぞって、布の裏に2枚に一度に印を写す

● 主な縫い代の処理

■直角

縫い合わせた後、角の縫い代をカットする

■カーブ

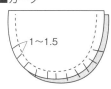

縫い合わせた後、カーブの縫い代に切り込みを入れる

● 主な手縫いの仕方

■返し口のとじ方（コの字とじ）

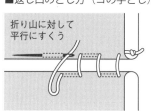

■たてまつり

■ぐし縫い

0.2～0.3cmの針目で細かく縫う

● バイアステープの作り方

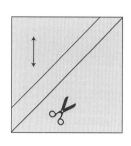

バイアス方向に布をカットする

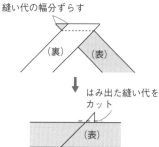

長さが足りない場合は、縫い合わせる

〔 主なソーイング用語 〕

合印………… 縫い合わせる際に、位置がずれないように布につける印。
仮どめ……… 出来上がり線を縫う前に、まち針やしつけ糸、仮縫いでとめること。
外表………… 布の裏側同士を合わせて重ねること。
中表………… 布の表側同士を合わせて重ねること。

裁ち切り…… 縫い代をつけずに出来上がり線で裁つこと。
縫い代を倒す… 縫い代を一方向に倒すこと。
縫い代を割る… 縫い目を境に縫い代を左右に広げること。

縫い止まり…… 縫うのを止める位置。その位置で止めるため、印をつけておく。
わ…………… 布を二つ折りにした際の折り目のこと。

〔 型紙の記号 〕

わで裁つ印　　出来上がり線

ダーツ　　タック

布をつまむ位置　布をたたむ位置　高い方から低い方に倒す

猪俣友紀　Inomata Yuki

ハンドメイドのブログを中心に活動するなか、洗練された布合わせとていねいな仕立てで作る作品が、多くの支持を集める。手芸雑誌や書籍に作品を多数発表するなか、近年、さまざまなメディアにおいても取り上げられるなど、活躍の場を広げている。著書に「布合わせで楽しむ　ワンランク上の布バッグ（スタジオタッククリエイティブ刊）がある。

〈blog〉
「neige＋手づくりのある暮らし」
http://yunyuns.exblog.jp/

○撮影協力／naughty
〒150-0022　東京都渋谷区恵比寿南3-2-10
クイーンホームズB1
Tel 03 (3793) 5113　Fax 03 (3793) 5199
http://www.naughtyyard.com/

グリーンリボンストローハット
（¥22,000＋税／カバー、P1、5、9、）
リボンエスパドリーユ（¥16,000＋税／P5、9）
靴（¥36,000＋税／P16）
レース（¥18,000＋税／P5、14、16、43）
アルファベット（各¥400＋税／P16、25）
コットンパールのネックレス（¥12,000＋税／P20）
すずらんとリーフのコサージュ（¥9,000＋税／P18）
バラのレースクロス（¥12,000＋税／P6）
つけ衿（¥8,000＋税／P21）
本（¥4,500＋税／P10）
ブローチ（¥15,000＋税／P39上）
Tie クリップ（¥17,000＋税／P39下）

○生地提供／写真ギフト
https://www.shashingift.jp/

猪俣友紀の
まいにちの布こもの
はるなつあきふゆ　季節のアトリエから

2016年6月25日　初版第1刷発行

発行者　澤井聖一
発行所　株式会社エクスナレッジ
〒106-0032　東京都港区六本木7-2-26
http://www.xknowledge.co.jp/

○問合わせ先
［編集］TEL 03-3403-6796　FAX 03-3403-0582
　　　　info@xknowledge.co.jp
［営業］TEL 03-3403-1321　FAX 03-3403-1829

〈無断転載の禁止〉
本書の内容（本文、図表、イラスト等）を当社および著作権者の承認なしに無断で転載（翻訳、複写、データベースへの入力、インターネットへの掲載等）、本書を使用しての営利目的での制作（販売、展示、レンタル、講演会）を禁じます。